Coleção
Astrologia
Contemporânea

A Astrologia, como linguagem simbólica que é, deve sempre ser recriada e adaptada aos fatos atuais que pretende refletir.

A coleção ASTROLOGIA CONTEMPORÂNEA pretende trazer, na medida do possível, os autores que mais têm se destacado na busca de uma leitura clara e atual dos mapas astrológicos.

Dados Internacionais de Catalogação na Publicação (CIP)
(Câmara Brasileira do Livro, SP, Brasil)

Paul, Haydn R.
O espírito revolucionário: explorando o Urano astrológico / Haydn Paul; [tradução Carmem Youssef]. — São Paulo: Ágora, 1993.

ISBN 85-7183-423-7

1. Urano — Aspectos astrológicos I. Título.

93-2293   CDD-133.53

Índices para catálogo sistemático:

1. Planetas: Astrologia 133.53
2. Urano: Astrologia 133.53

O Espírito Revolucionário
Explorando o Urano Astrológico

Haydn Paul

ÁGORA

Do original em língua inglesa
Revolutionary Spirit — Exploring the Astrological Uranus
Copyright © 1989 by Haydn Paul

Nenhuma parte desta publicação poderá ser reproduzida, guardada pelo sistema "retrieval" ou transmitida de qualquer modo ou por qualquer meio, seja eletrônico, mecânico, de fotocópia, de gravação ou outros, sem a prévia autorização por escrito da Editora.

Tradução:
Carmem Youssef

Capa:
Ricardo de Krisna

Todos os direitos reservados pela

Editora Ágora Ltda.
Caixa Postal 62564
01295-970 — São Paulo, SP

Sumário

Da Revolução...	7
1. Os Mitos de Urano	13
2. Reflexos do Urano Astrológico	19
3. Novas Mansões da Mente	31
4. Urano e os Aspectos Planetários	47
5. Urano nas Casas Natais	129
6. Ciclos de Urano em Trânsito	147
7. O Urano Esotérico	177
8. Urano e o Impulso da Era Aquariana	185
... À Evolução	193

Da Revolução...

Os astrólogos tradicionais acreditavam existir em nosso sistema solar apenas sete corpos planetários, responsáveis pela determinação do destino do homem. O planeta limítrofe era, originalmente, Saturno, muitas vezes considerado uma influência maléfica, em especial durante a Idade Média e o Renascimento.

A inesperada descoberta científica de Urano, o primeiro dos três planetas transpessoais, que agora também incluem Netuno e Plutão, foi a primeira de uma sucessão de revelações científicas e idéias revolucionárias que já transformaram o mundo, a partir do final do século XVIII. Esse processo radical promete estimular uma mudança ainda maior, à medida que se intensifica o atual avanço tecnológico.

Embora os astrólogos hindus védicos tradicionais aleguem que já sabiam da existência do sétimo planeta misterioso (eles excluíam o Sol do conjunto de planetas), o surgimento de Urano foi, sem dúvida, uma surpresa para os astrólogos ocidentais. Talvez os de inclinação mais esotérica tenham percebido que o símbolo de Saturno como "Habitante do Limiar" possivelmente indicasse a presença de algum deus misterioso e invisível além dos anéis.

Urano simbolizou uma abertura maior dos mistérios do universo, uma nova dimensão do espaço ampliou a concepção humana do nosso sistema solar e, ao mesmo tempo, abriu um canal correspondente em nossa mente e cultura coletiva. Este livro é uma tentativa de explorar e examinar as implicações de Urano e o impacto dessa energia no homem contemporâneo e na futura sociedade mundial. É um novo passo que a humanidade deve dar no momento em que estamos prestes a entrar no novo mundo, onde as novas dimensões de espaço à espera de nossa exploração é a dos níveis transpessoais da realidade.

Foi com um telescópio caseiro que William Herschel localizou o misterioso planeta na constelação de Gêmeos, na noite de 13 de março de 1781. A princípio, pensou que estivesse vendo um cometa, mas as investigações e os estudos posteriores do objeto acabaram por confirmar que se tratava de um planeta até então não identificado, mais um membro do nosso sistema solar.

O primeiro nome dado a esse novo planeta foi sugerido por Herschel. Era "Georgium Sidus", Estrela de Jorge, em homenagem ao Rei Jorge III, da Inglaterra e de Hanover. Foi uma atitude inteligente de Herschel. O rei ficou extremamente envaidecido com a sugestão de dar seu nome ao planeta, principalmente por ter sido o primeiro a ser descoberto em séculos. Herschel, como recompensa, foi elevado à condição de Astrônomo do Rei e, com a subvenção que passou a receber anualmente da coroa, pôde dedicar-se a sua paixão, a astronomia. Entretanto, o nome não conseguiu impressionar a comunidade científica e não foi, de um modo geral, considerado adequado (o mesmo aconteceu com a sugestão de chamá-lo "Herschel"; ainda faltava alguma coisa...). Por fim, acabou prevalecendo a seqüência de nomes planetários de acordo com os deuses romanos. Urano retornou ao panteão dos deuses, de onde tinha sido excluído por tanto tempo, desde que seu filho, Saturno-Cronos, usurpou-lhe o poder sobre sua criação. Urano estava impaciente para voltar a se envolver com o mundo e decidido a se fazer presente o mais rápido possível. Na verdade, a sombra de sua chegada já se antecipara a sua efetiva aparição no palco do mundo.

Por volta de 1781, o mundo ocidental estava começando a passar por uma transformação social radical. O velho regime das comunidades agrícolas, que viviam sob o poder autoritário dos proprietários de terras, da aristocracia e da monarquia, lentamente ia se fragmentando. Esse período histórico se tornaria o nascedouro de nosso Estado moderno e de nossa civilização. A emergência da Revolução Industrial estimulou uma nova era de ciência e tecnologia, que começou a mecanizar as antigas formas de produção de trabalho intensivo e a atrair a migração dos camponeses para o crescente trabalho fabril nas cidades em expansão. As abordagens científicas, intelectuais e mais racionais passaram a ter maior predomínio cultural, e de muitas maneiras a população das nações ocidentais começou a se livrar das algemas paralisantes das tradições sociais e restrições ao pensamento ainda impostas pelo poder da Igreja.

Um espírito revolucionário permeava o ambiente, e o impacto inicial de Urano iria encontrar o novo mundo da América e o velho regime da França receptivos e dispostos a incorporar o novo espírito da época.

Há várias semelhanças entre a situação da América e da França, mesmo sendo a primeira uma nova fronteira e a segunda, uma velha cultura. Os dois Estados eram governados por sistemas autoritários. Os franceses viviam sob o peso do *ancient regime*, o tradicional "direito divino dos reis", e também, por associação histórica, dos aristocratas e proprietários de terras. Os novos americanos — muitas vezes emigrantes ingleses — eram dominados pelo poder da coroa imperial inglesa, que insistia no direito de legislar e tributar o que considerava ser apenas mais uma colônia.

Urano associa-se com freqüência ao estímulo das idéias que jazem um pouco abaixo da superfície da consciência, e assim elas irrompem subitamente na vida com poder e impacto transformadores. As idéias que circulavam naquela época eram conceitos revistos do republicanismo e novas imagens e percepções do "homem". É possível considerar que a iminente descoberta de Urano lançava uma sombra que, simultaneamente, estimulava o desenvolvimento dessas idéias entre os intelectuais ocidentais da época. Isso criaria o canal imediato pelo qual Urano iria anunciar sua chegada e serviria como indicação da "mensagem" que ele tencionava revelar.

Essas idéias e ideologias em fermentação tinham fundamento basicamente no plano intelectual e tratavam dos "direitos naturais do homem", independente das prerrogativas sociais de nascimento, classe ou herança. Os conceitos de republicanismo já existiam desde a época do Renascimento, na Itália, sendo seu malogro freqüentemente atribuído à falibilidade do homem e sua incapacidade de corresponder a tais ideais; as tentativas de criar um Estado republicano tinham, muitas vezes, resultado num regime despótico e autocrático.

As ideologias e filosofias intelectuais desenvolveram o conceito de que o mundo devia ser encarado como produto da escolha e da ação do homem, no lugar da percepção anterior de que o mundo era como era por vontade divina ou simples acaso. Essencialmente, tratava-se de uma teoria da responsabilidade individual, na qual, por meio da escolha e da ação coletivas, nós fazemos o mundo em que vivemos. Assim, a República só seria possível, em última análise, se as pessoas considerassem o bem-estar coletivo mais importante que seus desejos pessoais. Um bom cidadão republicano deveria ser "um homem virtuoso". É uma idéia primitiva da interdependência da vida na terra; aceitar essa percepção e decidir viver de acordo com suas implicações ainda hoje representam um violento esforço para o mundo.

Surgiram idéias de democracia, em que o Estado seria governado pelo povo e para o povo, com eleições abertas em que cada homem poderia apresentar-se como representante e porta-voz de seu eleitorado, a despeito de sua classe social ou herança. É claro que esses avançados ideais libertários entravam em conflito direto com o sistema vigente, simbolizado pela monarquia.

Na América, a reação à imposição britânica do poder legislativo sobre as colônias transformou-se numa ampla revolta que tomou campo e cidades. Era uma terra nova, com novos colonos que queriam ser livres para se autogovernar. Era essencial abolir a monarquia e o governo das classes superiores e, simbolicamente, "matar o rei, em 1776".

Eles sabiam que aceitar a idéia da independência era, no fundo, afirmar a crença de que um povo livre era capaz de governar a si mesmo. As idéias do republicanismo democrático criaram raízes e, em conseqüência da guerra contra a Inglaterra, de 1775 a 1781, a América se libertou do jugo britânico, formando a Confederação dos Estados, até 1778.

No dia 4 de julho de 1778, os Pais da Pátria se reuniram na Filadélfia e criaram a Constituição norte-americana. Eram, agora, cidadãos dos Estados Unidos da América. Os ideais mostrados ao povo como uma luz norteadora estavam gravados na legislação, que visava promover o direito das pessoas de decidir o que, para elas, era a felicidade pessoal e buscar essa felicidade. Era uma visão social de auto-respeito e direitos iguais que ocasionou mudanças no pensamento e na verbalização do conceito das liberdades do homem, afirmando essas liberdades e desafiando a concentração do poder nas elites tradicionais.

As sementes da declaração de independência norte-americana exprimem os elevados ideais e a fé na bondade intrínseca da humanidade. Nesse sentido, refletem os mais positivos ideais uranianos aplicados na prática. Na França, o choque direto com a nobreza dominante foi mais traumático e demonstrou uma reação mais negativa às vibrações da mudança uraniana.

Essas mesmas idéias circulavam na França e muita gente se sentia estimulada a se tornar mais responsável e afirmar seu poder coletivo. Em parte isso era incentivado por nobres, integrantes do clero e do poder judiciário e pelos ricos, que, movidos por seus próprios interesses, queriam fomentar a agitação para corroer o poder da monarquia. Era uma época em que as idéias ocultistas dos rosa-cruzes e maçons estavam sendo difundidas, quando Mesmer revelava o poder da hipnose e se formavam clubes políticos revolucionários. Dentro do tecido social, grupos díspares começaram a aglutinar-se num movimento que gerou seu próprio ímpeto irrefreável.

Em 1789, surgiram distúrbios por toda a nação, provocando um colapso generalizado da administração real. A Declaração de Direitos de 26 de agosto de 1789, que afirmava que todos os homens são livres e têm direitos iguais, visava abolir as diferenças sociais baseadas em privilégios, direitos de propriedade, opiniões e crenças, e exi-

10

gia que as leis nacionais fossem baseadas na vontade geral do povo. Foi, definitivamente, a "sentença de morte" da autocracia monarquista e aristocrática.

O espírito revolucionário fora desencadeado, mas enquanto a América lutava por sua própria autonomia, a França tentava mudar toda a sua estrutura social, quase que da noite para o dia. A tarefa era por demais assustadora. A velocidade e a natureza das mudanças começaram a ficar avassaladoras e fugir ao controle. A velha ordem tinha sido destruída, mas ainda não havia nada alicerçado para substituí-la e que servisse de foco para o restabelecimento de uma certa estabilidade social.

A manifestação de idéias liberadoras de tal magnitude foi avançada demais para ser integrada satisfatoriamente à cultura francesa. Com o colapso das administrações civis e o início da revolta das forças militares, fracassaram as tentativas de constituir novos organismos de autoridade, pois a mudança social era rápida demais, e de uma hora para outra os grupos influentes subiam ao poder para sucumbir no dia seguinte a outros golpes de Estado. Formou-se uma anarquia negativa, em que, na ânsia de assentar os alicerces do futuro, ignorava-se o presente; assim, tudo era provisoriamente construído sobre solo movediço em constante movimento. A tentativa de promover a anarquia a uma forma republicana de governo também fracassou. A religião tornou-se o alvo de alguns, e os anticlericais deram início a um processo de descristianização, instituindo o "Culto da Razão"; uma atitude humanista e secular apareceu durante algum tempo.

Nos primeiros estágios da Revolução Francesa, predominava o pacifismo idealista; entretanto, sob a pressão da mudança social e das lutas pelo poder entre facções antagônicas, o colapso do tecido social aprofundou-se ainda mais, levando ao "Grande Terror". A guilhotina, símbolo do caos na França, teve mais trabalho. A nobreza e a monarquia eram constantemente destituídas de suas posições de poder e potência social. Os defensores da ordem social de Saturno estavam sofrendo a vingança de um Urano libertado. No dia 22 de setembro de 1792, começou o ano 1 do calendário republicano. Um novo nascimento, uma nova ordem, um novo Estado.

A visão uraniana em ação no mundo foi sintetizada na bandeira da "Liberdade, Igualdade e Fraternidade", a semente conceitual de uma nova relação social. As pessoas foram possuídas pela qualidade numinosa das idéias intelectuais da época. É proveitoso considerar esses impactos iniciais de Urano sobre sociedades receptivas, porque a natureza clara e pura dessa energia revela-se nas lutas idealistas pela liberdade individual e coletiva. É uma luta que continua em todas as áreas de nosso mundo contemporâneo, seja para tentar preservar os avanços conquistados, seja para começar a incorporálos a alguma sociedade.

Esse período do final do século XVIII foi a sementeira do mundo moderno. Pode-se reconhecer um padrão nas idéias e forças sociais que lançaram raízes no mundo daquela época e que ainda hoje tentam impor-se. A visão uraniana ainda está para ser vivida. O ano de 1781 viu a primeira grande efusão do conceito de "Irmandade Universal". As duas revoluções importantes desse período estão relacionadas com o fim da escravidão da matéria (por meio do progresso científico da engenharia, que constrói máquinas produtivas, meios de transporte mecânicos e desenvolveu a tecnologia eletrônica atual) e com o conceito de direitos e liberdades humanos.

Depois de sucessivos avanços que testemunham o domínio das forças eletromagnéticas, o crescimento da capacidade de comunicação por meio de viagens aéreas, dos automóveis, do rádio, da televisão, dos computadores e das redes de comunicação global, que difundem instantaneamente a informação mediante mensagens transmitidas pelo ar, entramos no mundo de Urano. Caminhamos para a mente-cérebro global. Para facilitar essa jornada, precisamos também explorar a natureza da nossa mente, para criarmos, juntamente com Urano, uma "República mundial".

CAPÍTULO 1

Os Mitos de Urano

Os mitos associados a Urano parecem atuar em duas dimensões diferentes. Uma é o desenvolvimento de uma teoria cosmológica, criada pelo homem na tentativa de explicar o nascimento do universo; a outra se relaciona com o nascimento dos deuses antropomórficos, seus casamentos e conflitos familiares, bem no estilo humano.

A teoria cosmológica reflete a crença de que, antes de existir o universo, havia o Caos. Era o vazio pleno, e sem forma, o não manifestado, o abismo não condicionado que originaria o nascimento do cosmos. O Caos é a "Divindade" transcendente, além do universo físico.

Da permanente "profunda noite escura" do Caos começaram a despertar a vida e a consciência. No mito grego, Ouranos tornou-se o Primeiro Deus, o responsável pela geração do universo. Foi o transbordamento da potência criadora latente no Caos que irrompeu sob a forma do princípio cósmico de Urano. Este é Urano refletor da "Mente de Deus", em que a imaginação e a visualização podem gerar uma criação manifestada espontaneamente. Nas profundezas do sonho havia a idéia de um universo, e o universo nasceu.

Na criação original, a ideação foi suficiente para fertilizar e revelar um universo que ainda estava próximo do estado não condicionado do Caos. A Bíblia se refere a essa espontaneidade criadora no Gênese, na ordem "Faça-se a luz".

Na mitologia romana, Ouranos tornou-se Urano, o antigo deus dos céus e do firmamento. Era um deus masculino, associado ao elemento Ar, cujas idéias divinas circulavam na mente celestial; os padrões de idéias que ainda estavam por vir existiam apenas como ordem potencial.

Há uma confusão a respeito da relação entre Caos e Urano. Algumas fontes sugerem que Urano era neto de Caos e também marido de sua mãe, Gaia, que existe como ventre cósmico, princípio fe-

13

minino e, num sentido mais restrito, também como "Mãe Terra". Isso sugere que Gaia seja filha de Caos e o ventre primordial que deu à luz Urano.

O que é certo, contudo, é o "casamento" entre Urano e Gaia, entre o Ar e a Terra. Aí está simbolizada a relação entre a idéia não manifestada e a forma manifestada e limitada, a concretização de uma visão.

Posteriormente, começaram a surgir conflitos básicos nesse casamento. Urano estava absorto em seu papel de mente criativa e sonhadora, tendo belas idéias para derramar sobre o universo, construindo grandes castelos de cristal no céu. Sua imaginação voava solta em seu universo mental, livre das restrições dos assuntos mundanos.

Em suas irregulares descidas para fertilizar Gaia com as sementes de suas idéias mais recentes para futuros desenvolvimentos, ele percebeu, chocado, que na verdade estava criando junto com a Terra. Suas belas visões tinham gerado monstros. O processo de prender seus sonhos à matéria criara uma prole que não podia ser aceita. Seus filhos, conhecidos como Ciclopes e Titãs, eram feios demais, excessivamente revestidos de vibrações terrenas para lhe pertencerem de verdade. Urano repudiou-os e negou a paternidade. Suas belas idéias haviam sido maculadas e, decepcionado, baniu os filhos para as profundezas do Tártaro, um reino inferior, escuro e sombrio, oculto no corpo de Gaia.

Mas Gaia estava inclinada a aceitar seus próprios filhos; afinal, eles eram como ela mesma, revestidos de matéria terrena e, portanto, sua feiúra só era percebida por Urano. Mas trazê-los de volta a seu ventre como malogros representava um esforço excessivo. Não era natural. Ela começou, então, a exigir que seus filhos se vingassem do pai. Os Titãs eram reflexos dos emergentes poderes independentes da natureza, dentre eles Rea, Oceanos e Cronos.

Essa foi a primeira "Batalha dos Deuses", quando os novos deuses (representados pelos Titãs) tentaram derrubar e usurpar o poder do velho deus (Urano). Cronos foi o Titã que deu ouvidos à súplica de Gaia para agir contra Urano.

Quando Urano se aproximou de Gaia, Cronos estava aguardando. Agarrou os órgãos genitais de Urano com a mão esquerda (que se tornaria a mão dos maus presságios) e, com uma espada curva ou uma foice de sílex, castrou o pai, jogando seus órgãos genitais no oceano.

Esse mito pode ser interpretado em vários níveis, da mesma forma que interpenetra níveis de realidade, desde as teorias cósmicas até os conflitos humanos. Urano, representando o tempo não condicionado (a eternidade atemporal) como a manifestação inicial do Caos, perdera o poder em virtude da castração. O universo da infinitude, o parque de diversões da mente divina, subitamente passara a ser finito sob o poder do tempo condicionador representado por Cronos. Cronos, então, tornou-se o poderoso senhor do tempo. Urano tinha perdido o poder e não podia criar espontaneamente por meio da vontade, por ter perdido o canal por onde suas sementes-idéias fertilizavam a matéria. Urano "caíra da graça" e já não era mais o regente deste universo, agora dominado pela matéria (Terra-Gaia). Estava condenado a uma existência de relativa impotência, como um proscrito.

A unidade do universo tinha sido rompida, ficando restrita às limitações de tempo e espaço, em que a vida só poderia desenvolver-se dentro de parâmetros circunscritos. Este é Cronos, simbolizado por Saturno em termos astrológicos: o que define os limites, proíbe a passagem e impõe o poder dos padrões rítmicos de tempo a toda a natureza. A rebelião dos Novos Deuses teve êxito, à custa, porém, da liberdade da criação. O predomínio de uma vibração mais pesada de matéria sobre a vibração leve do espírito é o resultado dessa batalha.

O tema da rebelião é recorrente. Entre a progênie de Cronos (que tinha a fama de ter seguido as pegadas de seu pai, Urano, tentando devorar todos os seus filhos recém-nascidos) estava Zeus, ou Júpiter, que acabaria destronando Cronos. É a constante luta natural entre o velho e o novo, a integração de novas idéias aos padrões estabelecidos da vida e da consciência, que é a temática subjacente à história da evolução.

O ato da castração é crucial, já que proibiu a criação espontânea por intermédio do poder da mente determinada e visionária, substituindo-a pela dependência da atividade procriadora no plano físico. Aí está simbolizada a descida à matéria do arco involutivo do espírito, aprisionado pelas limitações de Cronos-Tempo. De uma outra perspectiva, Urano, o Sonhador da Mente, ficou perdido em seu próprio sonho.

O mito da impotência e esterilidade de Urano aparece no drama muito posterior do Santo Graal, no símbolo do Rei Aleijado. O rei tinha sido ferido nos órgãos genitais e governava a Terra Devastada. Vê-se aí a antiga associação entre a vitalidade do rei e a da terra: se o rei não está fisicamente íntegro, a terra também adoece por falta de unidade. Perdendo sua potência seminal, a terra entra numa fase de declínio e degenerescência, e o Rei Aleijado é forçado a esperar, frustrado, que o vitorioso Cavaleiro do Graal venha curá-lo e livrá-lo de sua dor.

Nos mapas natais, os temas do Graal se repetem. A posição de Urano por casa indica em que área da vida será liberada a revitalizante energia nova, enquanto a posição de Plutão por casa indica onde se sente essa ferida ulcerada ou o obstáculo (ver *Fênix Ascendente: Explorando o Plutão astrológico*, Editora Ágora, para uma análise mais profunda dessa "ferida"). Por fim, a posição de Netuno indica a natureza curadora do Cálice, a visão mística que cura pela experiência da integração e da unidade.

Podemos vislumbrar essa situação em um mapa que tenha, por exemplo, Urano na 5ª casa, Plutão na 6ª e Netuno na 8ª. Entre os aspectos natais temos uma quadratura Urano-Netuno e um sextil Netuno-Plutão.

O Plutão na 6ª casa leva à profunda insatisfação e desassossego nas áreas de trabalho e serviço, onde a pessoa sente com muita intensidade que seu estilo de vida, nesse particular, não condiz com seu "propósito" de vida. Nada tem sentido, como se fosse, literalmente, uma terra devastada de energias e talentos. É como uma ferida viva, um obstáculo frustrante e aparentemente intransponível.

Netuno na 8ª casa revela a possibilidade de ocorrer um processo místico de morte e renascimento, no qual a pessoa pode vivenciar o ressurgimento regenerador da Fênix dentro de si. É o ponto de cura interior que transforma a falta de integração numa consciência de unidade mais abrangente. Na luta para conquistar maior integração, usando as energias do sextil entre Netuno e Plutão, está o potencial para curar a ferida plutoniana. Se houver êxito, os resultados benéficos poderão, então, extravasar numa criatividade mais satisfatória através do Urano de 5ª casa, contribuindo para um posterior estilo de vida de trabalho-serviço mais adequado, que libere e simultaneamente canalize a energia antes represada da 6ª casa. A transformação do uso da mente através do sextil Netuno-Plutão, mediante um renascimento místico interior, desfaz o frustrante desafio interno da quadratura Urano-Netuno, abrindo para os novos horizontes de Urano.

É significativo que um dos resultados finais da emasculação de Urano tenha levado ao surgimento de Afrodite-Vênus, que emergiu do mesmo mar em que Cronos tinha arremessado os órgãos genitais do pai. Esse aspecto do mito significa que foi somente mediante transformação de um princípio masculino, pela neutralização e pelo ressurgimento como deusa aquática do amor, que Urano pôde recuperar uma base no universo dominado por Cronos. Pode-se observar que a natureza sedutora de Urano-Afrodite/Vênus atrairia a humanidade enfeitiçada pelo amor em direção ao chamado convidativo dos deuses transpessoais, que nos abre para o desconhecido e ajuda a dissolver as barreiras separatistas dentro de nós e entre nós e os outros.

Paralelamente a esses mitos de muitos níveis, encontram-se reflexos dos conflitos polarizados entre atitudes e crenças dos estados matriarcais e patriarcais nas sociedades humanas. As histórias da luta elementar entre as funções do Ar e da Terra, do espírito e da matéria, têm ressonância nos arquétipos sociais dominantes. Atualmente, vivemos numa sociedade patriarcal, em que o homem é o líder social, o *primus inter pares* — o primeiro entre os iguais. A mente, a razão e a lógica são as qualidades condicionantes, bem como a beligerância e a objetividade científica.

O poder do princípio masculino é supremo e assim tem sido há mais de dois mil anos. Desde a época dos gregos, quando foram formulados os mitos, o "cetro da dominação" passou do Primeiro Pai do Céu, Urano, para Cronos-Saturno, refletindo a prevalência da era patriarcal.

A afirmação, a agressão extrovertida, a exploração e o domínio do mundo foram abraçados por essa força masculina, em reação às sociedades matriarcais anteriores, onde prevalecia o poder da divindade feminina. Esses eram tempos de cultos à Mãe Terra, a deusa Gaia, quando se adoravam as imagens do feminino.

A concepção mais transcendente de Urano é semelhante à do Deus hindu Varuna, imaginado como aquele que abrange o universo, o espaço infinito, que tornou manifestada toda a vida a partir do poder de sua semente e de onde surge o paradoxo "tudo do nada".

Entrementes, os gregos tentavam trazer Urano de volta à terra, pois, de acordo com Diodoro, foi ele o primeiro rei da lendária Atlântida, a terra onde nasciam os deuses. Este rei era o Deus-Pai do Céu, e o primeiro professor da ciência da astronomia; desde então ele apontava para os céus.

A tarefa atual de Urano é reconquistar a amizade de Gaia. Agora que a humanidade evoluiu até o presente estágio, não é bom para o crescimento futuro que o Primeiro Deus fique separado de sua criação, remoendo os erros e o sofrimento do passado. Temos de trazê-lo de volta para o lado de cá, para que seja restabelecida uma relação viva com a Mente Divina; a fertilização cruzada será necessária para os passos seguintes.

Contudo, é preciso que ela se torne uma nova relação de reconciliação entre a terra e o ar, a matéria e o espírito, dentro de nós e na sociedade. Podemos nos tornar o ponto de reconciliação (o trígono) entre Urano e Gaia, resolvendo a oposição entre essas energias. O que significa isso? Quais suas implicações em termos individuais e sociais? Uma tentativa de analisar o assunto será feita nos Capítulos 3 e 8.

O Urano astrológico é percebido hoje como perpetuamente envolvido na luta contra Saturno-Cronos, e seu objetivo é derrubar as barreiras restritivas e oferecer a liberdade para novas oportunidades de expansão. Esta batalha de deuses é um padrão inato em nossa personalidade, um conflito que experimentamos a vida toda. Nesse sentido, Urano está tentando recobrar alguma influência sobre o mundo de Cronos, para novamente começar a direcioná-lo para sua visão de liberdade mental, criadora de idéias e ideais. Entretanto, devido à grande distância em que se encontra e à magnitude de seu impacto potencial, ele só pode comunicar-se conosco por meio de explosões de inspiração repentinas e erráticas ou de crises que desencadeiam mudanças súbitas. O "renascimento" relativamente recente dos princípios uranianos, no final do século XVIII, parece indicar que o mundo já está preparado para a vitalização revigorante da energia de Urano. É uma energia que pode começar a nos libertar dos limites da absorção na matéria, voltando-nos para a liberação da mente e a exploração do céu do Pai Celestial.

É hora de reintegrarmos Urano à nossa natureza, de ultrapassarmos nossa identificação com o domínio de Cronos-Saturno sobre a terra e a matéria. A procura do caminho para o alto da montanha oferecerá novas formas de percebermos a nós mesmos e ao mundo, e a visão superior começará a fundir-se novamente com os ideais futuristas e os planos do Urano cósmico. Urano espera que nos tornemos seu novo canal de comunicação com o mundo, para que possamos "repor seus órgãos genitais cortados" e nos transformar em seus agentes criativos de mudança. A interpenetração do atemporal e do temporal ocorrerá novamente, abrindo a brecha para o ingresso numa nova dimensão da realidade. A partir daí uma nova percepção da natureza do tempo e dos ciclos da existência será integrada ao conhecimento humano. A astrologia contemporânea, com suas investigações sobre os padrões cíclicos da natureza humana e da sociedade, é uma das fontes dessas novas pesquisas.

CAPÍTULO 2

Reflexos do Urano Astrológico

Urano foi o primeiro dos planetas transpessoais a ser cientificamente descoberto, e dos três o mais próximo da Terra. Netuno e Plutão são os outros dois planetas que constituem essa trindade transcendente. Astrologicamente, os três planetas estão associados aos desenvolvimentos da civilização e da cultura, cujas mudanças transformadoras atingem gerações e sociedades.

Esses planetas transpessoais têm efeito coletivo, estimulando a atividade mental do inconsciente coletivo. As pessoas que podem registrar essas elevadas energias vibratórias e responder a elas são os pensadores progressistas, os vários tipos de artistas e as que se dedicam à auto-exploração e à investigação espiritual. Isso porque são elas que abriram os canais conscientes para acessar seus níveis mentais inconscientes, a fim de receber inspiração, atuando como veículos das forças evolutivas que chegam à humanidade. É desse grupo que surgem as novas revelações científicas e os desenvolvimentos tecnológicos; as novas formas e conteúdo de expressões artísticas, literárias e musicais que refletem o movimento interior da mente coletiva; os novos enfoques de teoria política e orientações de governo; e os novos impulsos espirituais que refletem um ímpeto religioso e oferecem técnicas de desenvolvimento pessoal.

Mesmo dentro desse grupo mais sensível pode haver dificuldades na assimilação e aplicação das energias dos planetas transpessoais. Muitas vezes existe nessas pessoas uma característica de individualidade ímpar que alguns podem considerar uma excentricidade e às vezes uma falta de equilíbrio, devido à obsessividade em alguma área da vida. Contudo, são elas os canais criativos que deixam uma marca duradoura na sociedade e que a história registra por sua contribuição à humanidade.

Grande parte da humanidade mal reconhece a influência dessas energias estimulantes em sua vida individual e coletiva. Não ouve os sussurros inspiradores das musas artísticas; tampouco sente a curiosidade insaciável da mente científica para penetrar, dissecar, analisar e entender a mecânica do homem e do universo; ou não sente aquela necessidade de se tornar um líder dos outros homens; nem o anseio de ser um só com a vida, o mesmo que bate no coração do místico, visando desfazer a sensação de separação isoladora. Para a maioria das pessoas, Urano, Netuno e Plutão atuam como "destino". Como essas energias muitas vezes não são conscientemente integradas às suas vidas, a influência delas só pode ser liberada mediante "atos do destino", em situações que parecem estar além do controle pessoal, impostas pelo "mundo exterior". Ocorrem fases de crise, quando, em resultado de escolhas anteriores, a pessoa passa a colher o que quer que tenha semeado na vida. Muitas vezes tem-se a sensação de que escolhas foram forçadas por opções extremamente limitadas; nesse caso, os padrões interiores de personalidade geram a sensação de "não tive escolha...", como se fosse uma resposta ou uma desculpa satisfatória para as conseqüências resultantes. "Não pude evitar..." é outra frase predileta daqueles cuja vida é basicamente inconsciente.

Acima dos efeitos mais imediatos das escolhas pessoais estão as decisões políticas tomadas por uma elite dirigente (com a aprovação intencional, tácita ou passiva do povo), que têm influência direta na natureza da vida e na liberdade individual. Guerras, agitações civis e questões de sobrevivência econômica parecem estar além da esfera de influência da maioria das pessoas mas, em última análise, nós, no Ocidente, elegemos nossos líderes e entregamos a eles o nosso poder pessoal. Os líderes sociais e políticos eleitos são a corporificação, por algum processo psicológico, do ponto de vista da maioria. Se estamos adormecidos e dominam as atitudes separatistas, os únicos líderes que podemos eleger são aqueles que refletem nossos próprios preconceitos e atitudes inconscientes. Afinal, as pessoas formam o grupo coletivo; a atual expressão de uma sociedade nacional é o resultado daqueles que nos precederam e das nossas atitudes presentes. Se não é do nosso agrado, temos o direito e a obrigação de começar a mudar o mundo em que vivemos. Fechar os olhos e fingir que a responsabilidade não é nossa é negar nosso verdadeiro poder criativo individual, que, então, é usurpado por personalidades menos escrupulosas que conquistam o poder e nos infligem políticas separatistas. E quando "o destino" afeta nossa vida, nós o amaldiçoamos. Fomos nós mesmos que o fizemos; nós escolhemos dar o poder a pessoas como Hitler. Nosso "destino" é resultado de nossas próprias escolhas.

Este, na verdade, é um dos grandes temas uranianos. O Urano mitológico que preferiu aprisionar os próprios filhos longe de sua vista, por não estarem à altura de seus ideais, gerou a subseqüente revolta de Gaia e Cronos. Sua escolha tornou-se o seu destino. Foi a primeira revolução social, a derrubada de um governo negativo pela resistência dos governados. Desde então, Urano foi transformado num revolucionário eternamente empenhado em tentativas de reconquistar seu trono, em destruir as barreiras impostas por Cronos-Saturno à vida humana.

A polaridade Urano-Saturno é a chave para entender o efeito da energia de Urano sobre a humanidade e o indivíduo. Simplificando, é o conflito entre as forças da ordem (Saturno) e as forças do caos (Urano), entre o conhecido e o desconhecido. É interessante essa associação de Urano com o caos, a ruptura e a rebelião. É óbvio que Urano é filho do Caos original — o poder criador não condicionado — e, portanto, do ponto de vista "genético", tem a natureza dessa energia fortemente implantada em sua vibração. Entretanto, mesmo no mito, a intenção inicial de Urano era criar um universo bonito com o poder de sua imaginação, o que implica um princípio estruturador e ordenador, em que o fluxo universal não condicionado começa a ser moldado em padrões artísticos por um mestre artesão que tenta manifestar sua visão. Pode-se dizer, então, que a energia de Urano tem uma qualidade vibratória de caos-ordem, cujo propósito verdadeiro é impor ordem à energia dissipada em livre curso. Veremos esse tema ampliado no Capítulo 7.

O princípio de Saturno, o filho Cronos, tinha absorvido "geneticamente" o padrão de ordem de seu pai e eclipsou a qualidade caótica liberadora, que, na verdade, foi negada e reprimida. Assim, Saturno precisa definir e impor estruturas e fronteiras, erguendo barreiras na sua luta para limitar e conter a natureza expansiva da criação. Saturno tornou-se identificado com restrição e cautela, estabilidade e segurança, com a negação dos altos vôos da imaginação criativa e a ânsia de abrir novos horizontes. Pelo fator condicionador do tempo na vida humana, Saturno coíbe as energias transpessoais que fazem ruir todas as restrições da mente e do corpo. Estas restrições, contudo, têm um valor real, na medida em que forçam a ocorrência de crescimento e maturação no lugar de uma corrida perigosa em direção ao novo, com pouca ou nenhuma compreensão das forças que podem ser inadvertidamente desencadeadas. Com as pressões da Segunda Guerra Mundial, a humanidade abriu as portas da energia atômica, antes de entender suas terríveis conseqüências. Uma vez alcançado o estado interior correto, a porta inibidora desaparecerá naturalmente e será possível caminhar com segurança rumo a novos horizontes.

São a constante interação e a perpétua oposição entre Saturno e Urano os fatores primordiais na socialização da humanidade, presa entre o processo de involução e evolução, no ponto intermediário da mudança revolucionária. Urano rompe padrões de estabilidade e faz ruir um *status quo* de estagnação dentro da sociedade e do indivíduo. As revoluções francesa, norte-americana e russa são exemplos dessa atividade.

A função uraniana é ser o agente estimulador que conduz a vida além de quaisquer barreiras erigidas por Saturno; é o primeiro canto da sereia do além, utilizando-se do processo revolucionário para instituir seu propósito de transformação no mundo. Tal como acontece com os efeitos de Plutão, o impacto inicial pode gerar confusão, ser desconcertante e doloroso, pois Urano conduz a sociedade ou a pessoa para além da segurança do mundo conhecido e para fora do domínio de Saturno. A possibilidade e a novidade de um mundo maior são, então, mostradas e oferecidas ao corajoso explorador. Esse mundo expandido sempre esteve lá, porém a influência de Saturno, vivenciada no condicionamento social (educação, religião, culturas nacionais etc.), ofuscou a mente. Os desconcertantes horizontes novos nunca tinham sido imaginados e muito menos vividos. Os velhos alicerces são varridos por seu impacto. Este pode ser um dos problemas da receptividade a Urano: não dar qualquer valor ao passado diante do entusiasmo avassalador das possibilidades futuras. É melhor integrar o que há de melhor nas estruturas sociais existentes à nova ordem, fazendo modificações quando necessárias e aprendendo com o passado em vez de pura e simplesmente repudiá-lo.

Essa atividade de Urano pode coincidir, por trânsito ou progressão, com o despertar interior de uma sensação de descontentamento com o padrão individual estabelecido. A natureza repetitiva de uma vida convencional começa a parecer desconfortável e restritiva e o impulso de romper com os vínculos confinantes torna-se extremamente forte. O impulso uraniano é o da rebeldia, surgido de uma necessidade pessoal de ser independente e romper com as convenções, lançando fora as algemas da personalidade e renascendo como um novo indivíduo, livre dos velhos padrões. Isso pode permitir o surgimento de uma *persona* até então não reconhecida que sempre esteve escondida dentro de um indivíduo eficiente, organizado e disciplinado. Assim como a borboleta surge do casulo protetor da crisálida, também o "novo indivíduo" pode despontar para a vida social. "Nunca pensei que ele/ela fosse assim..." é uma reação comum a essa mudança de alguém conhecido. Entretanto, trata-se de algo que sempre existiu como potencial e que a pessoa provavelmente reconhecia, mas negava sua expressão.

É um salto para a liberdade, uma exigência de liberdade, um movimento essencial em direção à singularidade individual, a busca de um farol interno norteador que aponta para o destino à sua espera: é isso que permite a mudança.

Essa mudança pode ser inconsciente e predestinada, que ocorre sem volição aparente, imposta por um mundo impessoal; ou ser uma escolha consciente, aceita de bom grado e feita com a cooperação da pessoa que reconhece a necessidade de transformação interna. São muitas as formas de essa força se manifestar, dentre elas a súbita percepção de que o estilo de vida atual está superado, como a necessidade de mudar de emprego ou abandonar um relacionamento insatisfatório. Podem acontecer súbitos *flashes* de visão interior, como se um raio iluminasse a mente e a natureza, permitindo maior percepção e compreensão de si mesmo. Surgem idéias, conceitos filosóficos ou religiosos que apresentam um novo rumo para a vida. O resultado é o desmantelamento do padrão de vida atual, antes que ele seja reformulado de forma mais adequada. Se houver resistência, haverá mais sofrimento e instabilidade, até o indivíduo ser forçado a aceitar a mudança, provavelmente porque as decisões alheias não lhe deixam escolha senão curvar-se ao inevitável.

Para alguns, a atividade de Urano é uma experiência excitante. São os que já aceitaram a natureza desse planeta, talvez por terem uma forte influência uraniana no mapa natal e já terem experimentado antes o seu poder. São os revolucionários por natureza, os pensadores positivos que olham à frente (ao contrário dos reacionários voltados para o passado, mais sintonizados, por natureza, com Saturno), que percebem o buraco negro do futuro como um terreno de oportunidades e espaço criativo e não como algo que, por medo, é preciso resistir.

Há na vibração uraniana uma rapidez elétrica particularmente atraente para o intelectual e os que se entediam sem o contínuo suprimento de novos estímulos mentais. A vibração pode ampliar e agilizar o pensamento racional fazendo com que se assemelhe ao *insight* intuitivo criando, assim, novos padrões de compreensão e aumentando a capacidade de sintetizar as informações em estruturas holísticas unificadoras. Pode haver um crescimento da sensibilidade psíquica e a expansão dos limites da receptividade individual de modo a abarcar áreas até então inexploradas do conhecimento humano.

A ânsia de descobrir pode levar até a esfera tradicional do místico, onde a iluminação interior revela as ilusões do pensamento dualista. O que se percebe, então, é um universo holístico, onde os limites de uma atitude mental que diferencia opostos antagônicos são derrubados e substituídos por uma mente superior, que unifica através da compreensão da natureza complementar das dualidades. Aí é superada a dicotomia "ou-ou", restaurando-se o equilíbrio natural da mente por meio da dissolução da mente inferior conflitiva.

Muitas vezes a energia de Urano pode ser experimentada simultaneamente em suas formas positiva e negativa. Isso cria um problema para a absorção da energia, ao se transformar num fator de desequilíbrio. A pessoa pode tornar-se temperamental, altamente tensa, nervosa, oscilando entre atitudes e comportamentos extremos. Pode haver uma vibração perturbadora na aura mente-corpo que se torna incômoda e desagradável para os outros e até resulta no isolamento social. A atividade de Urano muitas vezes causa problemas nos relacionamentos, ecoando a relação mitológica entre Urano e Gaia. Uma forte influência Urano-Aquário-Ar no mapa natal implica um destaque do nível mental. Nesse caso, entre as características comuns estão a impessoalidade, o distanciamento, a objetividade, a falta de calor humano e a preferência pela fria racionalidade e interesses lógicos e intelectuais. Muitas vezes aparecem negação e repúdio no nível intangível, empático e perturbador da emoção/sentimento. A necessidade de se ver livre de compromissos e responsabilidades é comum, bem como a crença frívola de que é possível ter um relacionamento mais excitante com uma nova pessoa, ou de que um caso amoroso pode injetar ânimo numa vida monótona e previsível. A energia de Urano está sempre procurando a saída, para que, se for preciso andar depressa, já se saiba por onde sair. O problema é que isso não leva a relacionamentos estáveis, que é o que a maioria das pessoas de fato deseja. Uma série de relações íntimas temporárias no decorrer de uma vida adulta raramente satisfaz. Pode causar inveja em alguns, que adorariam provar aquela liberdade e aquele "fruto proibido", mas para os envolvidos resta uma sensação de desilusão e fracasso, o reconhecimento da inconstância da natureza humana, que vive buscando e nunca se satisfaz. No estilo de vida mais boêmio e não convencional de muitas pessoas sensíveis a Urano, o resultado final pode ser uma multiplicidade de relacionamentos fragmentados sem nenhuma coesão unificadora, a não ser a necessidade da livre experimentação e a exploração emocional superficial, uma vida desperdiçada, salpicada de restos de negócios inacabados.

É indiscutível que Urano estimula os relacionamentos não convencionais. A maneira como a pessoa lida com essa influência pode depender do ambiente em que ela vive.

O estilo de vida pode oferecer oportunidades de mudanças e novidades a serem experimentadas, proporcionando, assim, um canal de liberação da energia. Entretanto, se a situação doméstica for repressiva, seja por causa de um cônjuge autoritário, de filhos mais jovens ou pressões de ordem financeira, provavelmente não será um canal adequado para a energia funcionar. Ela pode ficar distorcida, acumulando a pressão interna oculta, até irromper em atritos no relacionamento e, se ruírem as paredes da represa, demolir o padrão de vida existente: o casamento sofre um colapso ou deixa-se a segurança de um emprego.

As exigências da família criam a necessidade de ser livre, de não ter compromissos e responsabilidades, a sensação de não poder sair em busca de algum "grande destino". O desafio é encontrar um equilíbrio entre esse impulso e aceitação e cumprimento de todas as obrigações sociais. Esse pode ser um equilíbrio difícil de ser conquistado e mantido.

O rebelde uraniano ressente-se da imposição de quaisquer limites sociais manipulativos e tenta resistir de modo que possa descobrir o estado de liberdade. Raramente é o companheiro ideal no casamento, a menos que o que você precise como estímulo para desenvolver-se seja o buscador mutável, inquisitivo e errático. Urano-Ar pode funcionar muito bem com um parceiro dominador de Fogo, mas sua associação a um poderoso espécime de Terra ou Água tem todas as chances de descambar em conflitos, mais cedo ou mais tarde.

No aspecto sexual dos relacionamentos íntimos, a astrologia tradicional muitas vezes associa Urano à experimentação, aos desvios ou à perversão. Talvez isso reflita a confusão atual do que constitui um comportamento sexual convencional ou não convencional. Essa definição varia de uma sociedade para outra, conforme os ensinamentos culturais ou religiosos. Provavelmente não existe uma forma de atividade válida para o mundo todo, mas apenas uma multiplicidade de preferências majoritárias ou minoritárias.

Uma atitude uraniana a esse respeito é permitir a cada um a liberdade de descobrir suas próprias preferências adultas, bem como a possibilidade de explorá-las. Outra atitude uraniana ligeiramente menos extremista é fazer uma ressalva no sentido de que a expressão dessa liberdade sexual não deve, de forma nenhuma, causar dano aos outros. Assim, a pornografia e o abuso infantil ou violência sexual, por exemplo, são socialmente inaceitáveis e passíveis de punição.

A associação mais tradicional de Urano com a homossexualidade pode ser percebida em termos de "impotência escolhida", no plano físico da procriação humana, por meio da preferência emocional por um parceiro do mesmo sexo, mas sem negar a expressão da criatividade potencial por intermédio do intelecto artístico ou científico. Muitos artistas e cientistas famosos foram e são homossexuais, e fizeram grandes contribuições ao progresso humano. A esta altura, se o homossexualismo é "natural ou um desvio" ainda é uma questão aberta a debates. Enquanto a humanidade não desenvolver e explorar a futura condição andrógena e entender a natureza das polaridades dualistas na Terra, qualquer resposta a essa questão não passará de inclinação pessoal. Uma atitude uraniana seria considerar essa questão como irrelevante na avaliação de qualquer pessoa.

É certo que, seja num relacionamento heterossexual ou homossexual, Urano tende para a promiscuidade, a curiosidade e a vontade de ter novas experiências. A associação Urano-Vênus/Afrodite pode ser um terreno fértil para o impulso de mudança de uma vida estática. Romances súbitos iniciados por um dos parceiros podem gerar a convulsão que impõe a necessidade de repensar e rever completamente o estilo de vida e as escolhas feitas.

Se Urano fizer aspectos harmônicos com outros planetas (trígono, sextil), é provável que a expressão sexual esteja basicamente de acordo com as práticas tradicionais e socialmente aceitáveis, embora se procure, nos relacionamentos, um elemento de experimentação mútua. Se os aspectos forem mais desafiantes (quadratura, oposição e provavelmente também a conjunção) haverá maior pressão interior para ficar acima das normas convencionais, e nesse caso poderá surgir uma sexualidade mais complexa. Se os aspectos forem entre Urano e o Sol, Marte ou Júpiter, as energias masculinas, positivas, mais extrovertidas criam um impulso sexual extremamente forte, quase obsessivo, que propicia experiências sexuais intensas, principalmente nas ocasiões em que a vibração de Urano é "acionada". Quando Urano faz aspecto com planetas mais femininos, como Vênus e Lua, há uma ênfase nos valores da sensibilidade; porém, a energia de Urano vem à tona pela atração por relacionamentos não convencionais, talvez até promíscuos, e da falta de compromisso e envolvimento emocional nos casos amorosos. Em ambos os aspectos existe aversão ao ciúme e repúdio e resistência às tentativas de sufocamento emocional. A necessidade de liberdade e independência nunca é extinta, mesmo no casamento; na verdade, quase sempre é dentro do casamento que surge a consciência da real profundidade dessa necessidade e da tolice que seria reprimir ou negar sua existência.

URANO E A SAÚDE

Uma energia altamente dinamizada de Urano pode exercer considerável influência no funcionamento do corpo físico. Isso porque a energia é de natureza elétrica, atuando no nível mental e por meio do sistema nervoso simpático. Como essa energia flui errática e intermitentemente por esses canais receptivos, a pressão da voltagem mais elevada sobre a capacidade dos circuitos pode provocar estresse e tensão.

O problema da pessoa altamente receptiva a essa energia (por causa de vários aspectos de Urano, por exemplo) ou de outra que não tem facilidade para absorver e integrar essa vibração em sua vida (devido a um forte padrão de Terra, limitações de Saturno ou até mesmo excessivas associações com a Água) é o grau em que a mente e o sistema nervoso ficam subitamente "carregados".

No primeiro caso, o da pessoa receptiva, existe pressão para mudar, uma torrente de novas idéias, de oportunidades, o desejo de experimentação e de novos horizontes que tenham em si o desafio da escolha e da seleção, juntamente com a experiência de uma vibração perturbadora e dilaceradora. A questão é como controlar e dar foco ao processo, para que a energia seja liberada de forma segura por canais criativos, de modo que a tensão se desfaça e permita, ao mesmo tempo, que se busque novas oportunidades.

No segundo caso, o da pessoa cuja ênfase astrológica é basicamente resistente à energia de Urano, é provável que haja um acúmulo de impulsos reprimidos e o apego à rotina estabelecida e ao *status quo*. O desafio, aqui, está na capacidade de permitir o avanço de uma mudança lenta e relativamente controlada que possa abrandar a necessidade interior de uma reestruturação mais radical da vida como um todo.

Independente da resposta pessoal, Urano não deve ser ignorado nem negado. Se a energia não for canalizada, pode surgir uma doença nervosa, uma vez que o estímulo de Urano encharca a resistência e a capacidade natural dos circuitos nervosos da pessoa. Sem dúvida, muitos ocidentais sofrem de "problemas nervosos" e precisam tomar tranqüilizantes para enfrentar a vida. É possível que a recente receptividade a Urano esteja amplificando o problema, já que a influência dessa energia cresce cada vez mais na mente inconsciente coletiva, revelando-se nessas doenças.

Existem vários efeitos neurofísicos, tais como espasmos corporais, convulsões, palpitações e até paralisia que podem ser associadas às cargas elétricas irregulares transmitidas pelo sistema nervoso.

Vale a pena considerar o mapa natal de uma pessoa com problemas nervosos à luz da atividade de Urano, para avaliar sua provável receptividade e reação a esse impacto. É possível que um pouco de auto-exploração e terapia ajudem a encontrar uma abordagem da transformação pessoal que absorva mais facilmente as energias para que sejam usadas de forma mais criativa. As áreas do bem-estar físico e das associações astrológicas têm um potencial considerável de compreensão e aproveitamento.

Urano também está associado ao sistema endócrino, ou seja, o sistema de glândulas de secreção interna que lançam substâncias químicas no sangue, auxiliando eficientes funções corporais.

As principais glândulas desse sistema podem ser ligadas aos sete principais chacras de energia etérica da ioga e dos caminhos ocultos. As duas glândulas com as quais Urano é freqüentemente associado são as gônadas e a pineal. As gônadas são as "glândulas do sexo" e a contrapartida física do chacra sacral. Como função biológica natural, é a esfera da reprodução física e da criatividade humana e representa o princípio da manifestação em ação. Urano é freqüentemente associado à homossexualidade. Se essa ligação for válida, eventuais tendências nesse sentido dependerão do posicionamento de Urano no mapa individual por casa e aspecto.

Talvez seja mais proveitoso perceber o centro gônadas-sacral como o pólo inferior de um alinhamento com outra glândula, a pineal, na cabeça. A glândula pineal está ligada ao chacra da cabeça, o "lótus de mil pétalas" da ioga, e aos estágios finais do caminho espiritual para a união. Ela só é despertada quando o foco das energias interiores é transferido dos centros inferiores para os centros superiores da cabeça. A glândula pineal é às vezes considerada o "terceiro olho", ou a "morada da alma". É o reino da intuição, e, portanto, o acesso à mente universal, criando o inspirado visionário criativo, o iniciado, o mestre no ocultismo.

Faz lembrar o Urano mitológico, o criador por intermédio da imaginação e do pensamento dirigido (os centros pineal-cabeça) e sua manifestação no plano físico (a reprodução criativa gônadas-sacral). Existe um elo entre esses centros, que novamente diz respeito, sem dúvida, aos mistérios da sexualidade, os quais também se relacionam com a ciência da união e a relação entre o espírito e a matéria. É um tema presente em todas as explorações de Urano.

Uma última idéia, que pode dar margem a explorações mais amplas, é o conceito de Urano como força em luta para conquistar a independência das limitações de uma estrutura rigidamente controladora. A relação entre esse conceito e o corpo humano, com fronteiras e funções orgânicas claramente definidas, e mentalmente identificado como uma entidade separada (uma ilha isolada no universo), sugere um processo cancerígeno nas células do corpo. A área de localização de um câncer pode ser associada a um centro adjacente de energia que, por implicação, provavelmente está sendo superestimulado pelos sistemas glandular e nervoso. Aí está simbolizada a esfera de vida que está sendo inibida e reprimida, criando um bloqueio e acúmulo de energia não expressada, que, por sua vez, faz com que as células do corpo se "revoltem" e lutem por uma existência independente — sob a forma de tumores malignos. Muitas vezes o câncer é desencadeado pela repressão das emoções, mas também pode estar relacionado com o conflito Saturno-Urano, por meio do qual é eliminado o impulso para romper os limites fixos e expandir-se num novo estilo de vida.

REFLEXOS DE PERSONALIDADES URANIANAS

Eis aqui algumas observações isoladas de "amigos" do tipo uraniano. Para preservar o anonimato e proteger aqueles que nelas se enquadram, não os identificarei pelos nomes, mas usarei apenas o termo "nosso amigo".

Nosso amigo está sempre afirmando sua individualidade singular e exaltando isso como uma necessidade (ou desculpa) pessoal de permanecer livre e sem compromisso, distanciado e não envolvido. Livre para explorar onde, quando e com quem quiser. Recusa-se a ficar preso mesmo que seja a obrigações emocionais ou familiares. Ele está sempre ansioso para se ver livre.

Nosso amigo é excêntrico; observe que mente faiscante ele tem, como se descargas elétricas explodissem em sua cabeça. É uma pena que suas idéias nunca dêem em nada, ou que um projeto nunca seja levado até o fim, porque o seguinte é sempre mais fascinante. Tenso? Não encoste nele, ou você levará um choque!

Nosso amigo é não convencional, tem a vida que deseja, mesmo quando isso significa ir na direção oposta a todo mundo. Adora infringir todas as regras sociais, o que reforça seu não convencionalismo, além de gratificar muito ao seu ego.

Nosso amigo é um esquisitão; não se encaixa em nada e vive num mundo isolado, porque manter-se distante é ficar de fora da sociedade normal. Alguns dizem que o amigo tem um desvio sexual, mas parece que nunca surgem oportunidades para ele.

Nosso amigo acredita na fraternidade universal. É amigo de todos, propõe grandes reformas liberais com liberdade para todos, é altruísta e humanitário. O problema é que todo mundo se assusta só em pensar em ter que mudar.

Nosso amigo é um buscador da verdade, é um cientista, ocultista, astrólogo, inventor; será que não existem limites para as percepções e intuições desse gênio louco? Pena que ele se esqueça das emoções humanas... Nosso outro amigo é um anarquista. "Quem precisa de líderes?", grita ele para seu grupo de seguidores. É o rebelde cujos pensamentos inquisidores, discordantes e heréticos não se coadunam com a visão familiar. É o lutador libertário que desafia as instituições e as tradições sociais. Mas o que as substituiria? Ora, não há tempo para isso, é hora de começar a revolução! E ele também tem um amigo que é um "anarquista positivo", cheio de idéias... outro amigo que sempre participou de grupos, onde encontra mentes semelhantes e conversas inteligentes. O problema é que ele logo se manda, porque seu ego não está sendo "alisado" em um grupo de mentes semelhantes, onde ele é mais um na multidão. Seja como for, é muito dado a discussões.

Você reconhece algum desses traços em si mesmo ou nos seus amigos?

CAPÍTULO 3

Novas Mansões da Mente

Urano está associado ao elemento Ar e à percepção da vida que destaca o plano mental. As pessoas sintonizadas com Urano têm grande curiosidade mental e necessitam de estímulo e excitação. São impelidas por uma profunda motivação a se voltarem para o futuro, a serem inovadoras e destruidoras dos padrões estáticos de vida.

Neste século aconteceu uma explosão de investigação científica da mente e consciência humanas, da fisiologia e do cérebro. Os resultados desses estudos muitas vezes ocorreram paralelos e misturaram-se aos estudos da mecânica quântica e às investigações das realidades do universo microcósmico oculto. Cada vez mais a crença perceptiva em um universo de "matéria sólida" vai se dissolvendo à medida que progridem essas pesquisas; o que está surgindo — para surpresa dos cientistas e físicos — é um universo muito mais estranho do que antes imaginavam as mentes ocidentais. No mínimo, o que está sendo redescoberto pela tecnologia avançada é um universo que reflete as visões e imagens expressadas por místicos, xamãs, iogues e ocultistas do passado. O conceito hindu de que o mundo é *maya* (uma ilusão real) e *lila* (um jogo divino, um drama) torna-se cada vez mais viável. A experiência mística que inclui a sensação de se afogar num mar de ondas de luz se aproxima do mundo real da luz e das freqüências energéticas subjacentes à realidade humana comum. Com o uso de modernos instrumentos científicos, o físico contemporâneo se detém nesses níveis de existência.

Sir Arthur Eddington comentou, no começo do século, que "a matéria do universo é a matéria da mente". A materialidade do universo está sendo reconhecida como mais ilusória do que se pensava; até os físicos estão começando a encará-la como um universo da mente, manifestado numa variedade talvez infinita de níveis. Segundo os antigos ensinamentos teosóficos, o espírito é a matéria vibrando na freqüência mais elevada, e a matéria é o espírito vibrando na fre-

31

qüência mais baixa. Os dois são indivisíveis e, na realidade, são uma só vida e consciência expressadas como polaridade perceptual. É o reflexo de Urano, o deus criador, que formou o universo físico a partir da mente.

O impulso revolucionário de Urano nos níveis individual e coletivo é reconhecido, mas há perguntas a serem respondidas: aonde esse impulso pretende nos levar? Que mudanças são exigidas? Que visão do futuro a Idéia Uraniana deseja que incorporemos? Qual é a verdadeira revolução em curso? Qual o caminho do futuro? Podemos começar a entender ao menos parte desse desígnio evolutivo pela auto-exploração. Comecemos por nós mesmos: nós somos a revolução. Isso já é aceito nas camadas mais progressistas da cultura e da sociedade mundiais: somente nós podemos personificar as mensagens da "Nova Era", pois somos os mediadores e os agentes transformadores das energias transpessoais. A questão é que estamos sendo chamados para sermos co-criadores conscientes do mundo do qual fazemos parte; exige-se que assumamos a responsabilidade por nossas escolhas e nossos atos, e comecemos a reformar o mundo de modo a equipará-lo à visão da realidade que está sendo revelada pela ciência — o mundo da interdependência, Gaia, a espaçonave Terra.

A chave são os relacionamentos, o contato unificador interno e externo. Uma chave que parece estar dentro de nós, escondida em nossa estrutura corpo-cérebro-mente. Os estudos do cérebro revelaram uma das razões por que nossa perspectiva mental é de natureza basicamente dividida: é devido à estrutura física dualista do cérebro, cujos dois hemisférios são separados e têm funções distintas e diferentes.

O mundo pode ser mais ou menos dividido em leste e oeste, Oriente e Ocidente. Essa divisão reflete os estilos predominantes de percepção e atitudes das respectivas culturas sociais. O leste tendeu a explorar o que agora é conhecido como "cérebro direito", e o oeste concentrou-se nas funções do "cérebro esquerdo". Cada um desses focos ditou o tipo de sociedade que se desenvolveu através dos tempos. É claro que nenhuma sociedade ou cultura expressa um dos hemisférios excluindo o outro, mas um dos lados tornou-se dominante e superenfatizado, condicionando os padrões aceitáveis do pensamento social.

O cérebro é uma estrutura física de alta complexidade, e a pesquisa da identificação dos mecanismos pelos quais ele opera e responde aos estímulos está ainda nos primeiros estágios. É por meio do cérebro que a mente, ou consciência, ativa o corpo físico; os danos causados ao cérebro influem drasticamente no funcionamento do corpo, restringindo as opções de vida e experiência. Por outro lado, despertar o cérebro para uma maior atividade poderia transformar a vida, abrindo horizontes até agora insuspeitados. É um potencial que vale a pena ser explorado e, acredito, um propósito da ofuscante Idéia de Urano, principalmente ao operar como Hierofante e condutor do caminho oculto (ver Capítulo 7).

Os hemisférios cerebrais interagem, porém, cada um deles tem um papel e função peculiares a cumprir. No Ocidente, temos ativado a abordagem da vida por intermédio do cérebro esquerdo com muito mais vigor do que com o cérebro direito, seu companheiro. Torna-se necessário reequilibrar, fazer um esforço consciente para despertar em nossa sociedade a atividade do cérebro direito. Já há sinais de que os orientais estejam empregando seriamente atitudes de cérebro esquerdo em seus desenvolvimentos industriais e econômicos, ou pelo menos reproduzindo os avanços tecnológicos do Ocidente.

O cérebro esquerdo é o da mente analítica divisora, da lógica, da racionalidade, da palavra falada e escrita, do número; é o investigador das partes e dos fragmentos universais. Basicamente, somos estimulados a nos identificar com essas associações do cérebro esquerdo e no âmbito social temos alguns poucos conceitos de relações holísticas. Muitas pessoas ainda olham de soslaio os projetos ecológicos e qualquer pensamento que reflita percepções de interdependência. O cérebro esquerdo identifica por meio da separação, da categorização, compartimentalização, estrutura e organização e dos processos de mensuração e nomeação. De muitas formas, funciona de modo semelhante ao banco de dados de um computador, onde a informação é armazenada na memória; todas as novas experiências são comparadas a essa informação já armazenada e são categorizadas em termos dos padrões familiares instituídos. O cérebro esquerdo tem preferência pela tradição, pois é o que lhe permite funcionar com mais facilidade, proporcionando um processo reconhecível de relação com os acontecimentos. A experiência é processada através desse filtro e identificada de acordo com categorias de reconhecimento estabelecidas e rotuladas e depois armazenada para referência futura. É o que nos ajuda a formar o conceito de um eu separado, nomeado e distinto de todos os demais, e a manter a ilusão de que ele é singular e estático.

O cérebro direito processa toda a experiência e informação que o cérebro esquerdo não consegue reconhecer no banco de dados por meio de correspondências e associações. Preocupa-se mais com sentimentos e tonalidades emocionais, qualidades artísticas, com música, sexualidade, símbolos e imagens e, mais importante, com a percepção do contexto e dos padrões holísticos de significado e associação. O cérebro direito parece entender esses padrões que são discernidos na informação que ele processa. Gosta do novo e do desconhecido e reage facilmente a eles; tem uma tendência inata para compor "quadros da realidade", formando novas *Gestalten* de um padrão holístico unificador. Enquanto o cérebro direito disseca a informação, enquadrando-a em canais preestabelecidos, o cérebro direito trabalha com essa informação, inserindo-a num contexto holístico. De várias maneiras, o hemisfério direito reflete as associações e tendências "do coração", a vida refletida como sentimento e emoção responsiva, com mudanças de humor e estados alterados de consciência. Ver o universo da perspectiva do cérebro direito passa a ser uma experiência mais direta e sentida com mais intensidade, resultando na libertação dos embaraços e filtros fragmentadores criados pelo lado esquerdo, mais sintonizado com a mente separatista.

É interessante observar que, mesmo nessa divisão hemisférica, os paralelos entre o constante conflito de Urano e Saturno são refletidos respectivamente pelos cérebros direito e esquerdo. A astrologia humanista moderna está mais interessada em esclarecer as intravisões do cérebro direito na reformulação da astrologia premonitória tradicional, rumo a uma abordagem mais fundamentada da psicologia. A astrologia é um bom exemplo desses dois enfoques. Existe um banco de dados analítico e categorizador de associações e tendências probabilísticas derivadas da natureza dos planetas, signos e casas envolvidos, e existe também a tentativa de formar um quadro esclarecedor e unificador do indivíduo como um todo e explorar os impulsos e padrões arquetípicos subjacentes que operam por seu intermédio. Além disso, a astrologia transpessoal insere o desenvolvimento individual num contexto social, global e universal, e apresenta uma interpretação holística que "nenhum homem é uma ilha isolada no universo". A astrologia tem potencial para trabalhar com esse processamento dual do cérebro, pois sintetiza as duas vias.

Como sugere Jung, o homem moderno está em busca de sentido e propósito na vida, para poder olhar acima do mundano e simplesmente trivial. A falta de sentido experimentada hoje no Ocidente é um sintoma do predomínio do cérebro esquerdo. Ao suprir nossa necessidade individual de integração e transformação, estamos participando também de uma tarefa social que é necessária e vital.

É preciso conquistar uma nova harmonia, que é a consciência da relação entre os dois hemisférios, permitindo que a mente opere por meio de um mecanismo unificado do cérebro. Isso nos daria um centro e uma nova unidade, uma "alma" a partir da qual poderíamos direcionar e perceber a vida de um novo patamar de compreensão,

34

capaz de sanar a fragmentação interior e as divisões de personalidade. Dessa forma, redefiniríamos o Self.

É preciso reconhecer que o comportamento pessoal é, antes de tudo, conseqüência da interação entre o condicionamento social e os padrões intrínsecos da personalidade refletidos no mapa natal. Essa combinação impõe um padrão de respostas ao cérebro, que, então, conduz o funcionamento individual e define as opções de escolhas disponíveis. Contudo, esses padrões não são inflexíveis e fixos — embora pareçam ser —, mas apenas moldam uma estrutura relativamente plástica e mutável em padrões previsíveis de expressão pessoal. O que Urano tenta fazer é reestruturar a personalidade ou a sociedade e abrir novas possibilidades. Ele atua como um impulso evolutivo, implementando processos de reprogramação. Como veremos mais tarde, isso pode ser feito conscientemente.

O cérebro concebe matematicamente nosso senso de "realidade física universal" a partir de freqüências recebidas de uma dimensão que transcende o tempo e o espaço. Todas as sensações são, na verdade, freqüências de vibração de energia que constituem a base do universo. O cérebro capta essas freqüências, processa a informação codificada nessas vibrações e em seguida interpreta-a segundo seu banco de dados interior e seus conceitos preconcebidos da realidade. Assim, o universo experimentado não é o universo real, e sim o resultado de nosso programa cérebro-mente (que é, basicamente, um constructo social consensual, um acordo mútuo e a herança de uma visão tradicional da vida). O universo em que habitamos e que experimentamos é criado por nossa própria interpretação de uma grande quantidade de dados. Somos partícipes da realidade, co-criadores e observadores que se inter-relacionam e afetam o que está sendo observado (como os físicos concluíram).

A natureza dupla do cérebro leva a dificuldades inatas ao se tratar os conflitos decorrentes da informação aparentemente contraditória; a natureza paradoxal de um universo onde coexistem "opostos" como aspectos complementares de um só todo apresenta um desafio que normalmente se evita por meio da repressão ou da negação dos fatos. A menos que seja feita uma integração efetiva, o processo de escolha preferencial da pessoa interfere e o universo é visto através de um espelho parcial, que, com o tempo, vai refletir apenas os aspectos e as experiências aceitáveis do ponto de vista social e pessoal.

Entretanto, esse não é um processo inevitável. Existem alternativas, e a vida está cheia delas. Apenas as mentes fechadas e fragmentadas acreditam que não haja alternativas. Como pessoas e coletividade, estamos no limiar de uma nova etapa da evolução, de uma abertura de portas ocultas, através das quais uma mudança paradigmática e transformadora de nossa visão global do eu e do outro está prestes a iluminar o caminho. Essa mudança é parte da permanente revolução uraniana, e ocorre periodicamente na história humana; é a conseqüência natural da ultrapassagem de certos "marcos" do avanço da humanidade, tornando acessíveis descobertas e idéias pujantes e abrangentes para os que forem receptivos.

As mudanças paradigmáticas envolvem novas formas de percepção e compreensão que explicam nossas experiências da realidade de modo mais preciso e satisfatório. A princípio, são muitas vezes repudiadas; a maioria das pessoas não consegue compreendê-las. Da mesma forma, quem tem interesses em jogo pode preferir conservar as velhas opiniões sociais, já que as novas podem destruir os alicerces de suas crenças ou solapar seu poder sobre os outros. Como resultado, o conhecimento implícito nessas mudanças permanece em poder de uma minoria progressista e esclarecida.

Um dos desencadeadores dessa mudança na ciência contemporânea foi o avanço de Einstein nas teorias da relatividade em 1905, abrindo caminho para a futura investigação da ciência atômica e da física quântica. Entretanto, a maioria das implicações dessas mudanças ainda não foram absorvidas pela sociedade e nem integradas à concepção que o homem médio tem do universo e do papel que nele desempenha. As mudanças paradigmáticas geram crises, assim como as revoluções individuais uranianas que acompanham os trânsitos do planeta pelas casas; na verdade, são sintomáticas do funcionamento desse mesmo processo, pois ocorrem basicamente no nível da mente e da consciência, mesmo que mais tarde seus efeitos sejam materiais. O novo paradigma inclui o conhecimento e a informação do paradigma anterior, mas destrói as barreiras da limitação e cria teorias e explicações mais abrangentes — é uma progressão da concepção inicial numa volta mais ampla da espiral. Essas mudanças paradigmáticas ocorrem em todas as áreas do conhecimento humano.

A mudança que estamos considerando aqui é a do *continuum* corpo-cérebro-mente. As pesquisas demonstram atualmente que as psicoterapias e as práticas espirituais de ioga/meditação/ocultismo realmente levam a uma integração mais profunda do funcionamento do cérebro físico. O que ocorre com o passar do tempo, como resultado de uma experimentação pessoal, é o aumento da coerência e da harmonia das ondas cerebrais e da sincronização hemisférica. Aparentemente, verifica-se também um elevado grau de organização e um processamento mais eficiente da informação sensorial nas pessoas que se dedicam a essas práticas e que passam pelo que, no final, se transformará num movimento catalisador da transformação. Reestruturação, reprogramação ou metaprogramação são termos indicativos desse processo individual de mudança, que envolve, basicamente, a estimulação e o despertar das funções do cérebro direito.

A auto-exploração bem-sucedida começa a integrar os dois hemisférios, vitalizando os canais nervosos de modo que os contatos elétricos interajam de forma mais positiva e contínua, e despertem para a atividade as células dormentes do cérebro. Em geral, esses dois hemisférios tendem a operar de forma independente, criando dois tipos de consciência distintos e irregularmente relacionados, o que muitas vezes leva a atritos interiores, sem que a pessoa saiba como integrar as duas tendências díspares. A terapia é capaz de criar ligações neurológicas que, graças ao funcionamento relacional do cérebro direito, aumentam a percepção individual de sentido, propósito e direção na vida.

O cérebro é capaz de suportar muitas mudanças, e é fato amplamente reconhecido que usamos apenas uma pequena parcela de sua capacidade e ainda não conseguimos compreender seu prodigioso potencial. Pela função do cérebro podemos ordenar nossas experiências, reclassificar o banco de dados e rearranjá-lo em uma série de diferentes visões do mundo; podemos aprender a integrar esse conhecimento numa visão holística do nosso papel no universo e transcender até mesmo o conhecimento e a compreensão conscientes, dando um "salto" para a mente universal e vivenciando diretamente uma ordem mais elevada da realidade, além do tempo e do espaço, denominada "unicidade".

Uma forma de atingir esses estados potenciais de desenvolvimento são os antigos caminhos da meditação e do recolhimento para a orientação interior. O uso das máquinas de bio-retroalimentação indica que a meditação prolongada altera a natureza das ondas cerebrais. Existem os ritmos beta comuns, que respondem às "freqüências do mundo exterior", ao dia-a-dia, e que, por serem repetitivos e corriqueiros, de uma maneira ou de outra tendemos a filtrar. Esses ritmos beta causam flutuações relativamente pequenas nas ondas cerebrais, que são ignoradas pela pessoa como relativamente sem importância — fazem parte do estresse cotidiano normal.

Os ritmos mais interessantes são os das ondas alfa e teta. Aparecem quando a pessoa está relaxada, sonolenta, ou pela meditação e exploração interior. Indicam um movimento em direção à atividade do cérebro direito e, com a repetição, ligam os neurocircuitos e facilitam a mudança para um novo e mais elevado nível de atividade e organização cerebrais. Provocam maiores flutuações nas ondas cerebrais de natureza "dilatável" e também deitam abaixo os padrões de comportamento fixos e mais antigos. Essas ondas agitam e podem desencadear a transformação.

A natureza das ondas alfa/teta e a associação com o cérebro direito sugerem que é através delas, ou de vias similares, que a pessoa recebe a energia e a vibração dos planetas transpessoais. A assimilação consciente da vibração transpessoal ainda é feita apenas por uma minoria que conseguiu sintonizar-se com os padrões totalizadores do hemisfério direito; os demais recebem essa vibração como projeções do inconsciente, manifestas como "destino". Aparentemente, a energia transpessoal de Urano, Netuno e Plutão também provoca oscilações maiores nas ondas cerebrais que desmantelam os rígidos padrões estruturais dentro do indivíduo e da sociedade e acabam provocando algum tipo de mudança profunda.

A inter-relação entre corpo-cérebro-mente também se verifica na incipiente percepção de que a qualidade e a natureza dos pensamentos, das atitudes e das emoções podem alterar o equilíbrio e a natureza da química cerebral. O cérebro secreta diferentes substâncias químicas em resposta à atividade dos dois hemisférios, tais como os peptídios e as endomorfinas. Essas substâncias têm várias funções, agindo também como analgésico, moduladores da atividade das células cerebrais e agentes químicos da sintonização ou difusão das mensagens neurossensoriais nos circuitos cerebrais. É provavelmente por essas vias que os métodos mentais iogues conseguem controlar funções corporais como a desaceleração dos batimentos cardíacos, a diminuição da pressão sanguínea e a alteração voluntária e consciente das ondas cerebrais. As pesquisas médicas estão investigando o emprego de drogas que influem na atividade e nas secreções do cérebro, e que talvez possam ser usadas no futuro para estimular a adaptação ao cérebro direito em número maior de pessoas. Elas, então, serão capazes de ter uma percepção holística da vida, como já ocorreu com muitas que fizeram experiências com drogas psicodélicas.

A maioria das formas de reestruturação estabelecerá uma relação melhor entre corpo, cérebro e mente, criando uma sintonia fina com o mecanismo orgânico e intensificando a quantidade e a qualidade das informações recebidas pelos sentidos. Grande parte do atrativo das drogas psicodélicas residia na experiência da vida como algo multicolorido e multidimensional, além da sensação de ligação, cujo apelo era muito maior do que a experiência usual da realidade; o mundo passava a ser mágico, aparentemente transformado pela mudança de pensamentos. Qualquer reorganização verdadeira do corpo-mente irá beneficiar os dois pólos, já que o campo total de energia individual fica vitalizado e mais responsivo.

A reestruturação muitas vezes ocorre em reação ao estresse. O livro *The Three Pillars of Zen*, de Kapleau, fornece vários relatos individuais de *satori* (o clarão relampejante de iluminação-visão da

38

natureza das coisas), e muitas vezes essa era a "saída ou culminação" de um período de tensão e estresse internos, provocado pela auto-exploração ou pelos acontecimentos da vida. Até mesmo no mundo microcósmico de nossa estrutura de genes verifica-se uma situação semelhante. Os genes também estão em estado de fluxo, onde há um elemento revolucionário que se esforça para criar novas potencialidades. Esse desenvolvimento evolutivo, profundamente oculto em nossa estrutura genética, está em constante processo de rompimento dos padrões existentes de modo a criar padrões novos que a pessoa considera mais condizentes com as condições da vida. A estrutura genética e os dois hemisférios do cérebro têm pontos comuns, o que também reflete a oposição tradicional entre o Saturno e o Urano astrológicos. Como já observamos, o cérebro esquerdo é basicamente tradicional e conservador, do tipo reacionário (Saturno), e o cérebro direito é mais radical e inovador (Urano). Mas também os genes parecem possuir qualidades similares. Parece que eles têm "dimensões masculinas e femininas", uma vez que os "genes femininos" são mais resistentes às alterações e intrinsecamente conservadores, mantendo o *status quo*; os "genes masculinos", por sua vez, são mais flexíveis e aceitam as alterações e mutações com mais naturalidade. Portanto, até em nossas origens microcósmicas existe um conflito intrínseco ao conjunto de genes que lembra os princípios de Saturno-Urano.

Estresse e conflito estão codificados em nossa própria natureza; a oposição e o atrito internos surgem como a espora que nos lança à frente, a alguns de bom grado, a outros a contragosto. Mas a mudança e a reestruturação são inevitáveis e, se resistirmos, perderemos; só a cooperação pode nos beneficiar. Abandonar nossa posição atual para seguir em frente significa chegar mais perto das experiências de iluminação e esclarecimento, que são as visões da totalidade. Parece claro que essas experiências espirituais derivam (ao menos em parte) da mente que subitamente passa a operar através dos neurocircuitos do cérebro direito, daí as impressões de um universo repleto de "significado" e os sentimentos de unidade coesa. Por sua própria natureza, o cérebro esquerdo é incapaz de proporcionar uma experiência dessas. Entretanto, o período que se segue à súbita abertura da mente volta-se para a integração dos dois hemisférios cerebrais, para que ambos estejam ativos e possam ser acessados pela mente. Funcionar por meio de um único hemisfério não é a resposta; associá-los e relacioná-los como uma unidade operante é a verdadeira intenção. Precisamos viver com os dois, ligar a parte ao contexto do todo, enxergar "as árvores e o bosque" para vermos nosso ambiente local numa rede global, e a nós mesmos como parte de uma só humanidade.

A evolução individual está indissoluvelmente ligada à evolução coletiva. À semelhança das teorias da ressonância mórfica, o desabrochar da consciência holística numa única pessoa abre caminho para as demais; o novo padrão de mutação passa a existir na mente coletiva e na estrutura genética. A revolução uraniana está apenas no começo.

Como podemos participar dela? O que podemos fazer? O ideal seria que todos nos tornássemos iluminados, o que é improvável a esta altura; mas talvez transformar nossas visões de mundo e atitudes pessoais já seja um grande passo à frente. Sempre existe uma terapia pessoal a se fazer, novas maneiras de ver a si mesmo por diferentes ângulos. A própria astrologia proporciona tantas formas de gerar dados por meio do mapa natal, trânsitos, progressões, sinastria etc., que o simples fato de lidar com tudo isso e com os fatores arquetípicos internos já é bastante complexo. Existem novos caminhos para a expressão de nossa criatividade. Há muito trabalho a fazer e muito pouco tempo!

Como dizia uma canção de Jefferson Airplane de uns vinte anos atrás: "Somos o futuro, somos a revolução, somos aqueles contra quem nossos pais nos preveniram". As visões holísticas do mundo são a chave para o futuro, mas até lá muitas das premissas atuais sobre a vida e o indivíduo serão postas abaixo, e essa será uma experiência dolorosa para a sociedade. Como dizia a música de *Hair*, a Era de Aquário é a época da "verdadeira libertação da mente"... São os músicos transmitindo e predizendo as ofuscantes mudanças.

A ciência moderna revela atualmente que nossas estruturas sociais estão defasadas em relação à natureza do universo. Cada vez mais nos afastamos da harmonia natural em conseqüência da predominante visão separatista do mundo, o que está se tornando ecologicamente perigoso. A consciência dualista precisa ser encarada como uma falácia, no máximo apenas como uma verdade parcial que funciona como uma ilusão perigosa quando domina as atitudes mentais e o pensamento. As novas mudanças paradigmáticas visam sanar essas ilusões de opostos divididos, fornecendo um modelo que reproduz basicamente o símbolo do Tao, com o Yin e o Yang se interpenetrando. Tudo no universo é visto como um processo de desabrochar em ação. Criam-se hipóteses de realidades alternativas, entende-se o paradoxo universal, percebe-se cada vez mais que a mente engendra uma "realidade material" por meio de um "programa" do cérebro humano que gera a aparência de realidade física e em seguida nos convence de que a ilusão é real.

A teoria dos Sistemas Gerais (ou perspectivismo) é um conceito de inclusão. Propõe que nada deve ser considerado isoladamente e que a verdadeira compreensão não reside na análise fragmentada e no pensamento separatista. A parte deve ser percebida em relação ao sistema como um todo; cada parte do sistema está envolvida na constante interação com todas as outras, num grau de interdependência tal que causa e efeito não podem ser separados. Desse modo, cada parte reflete um resultado que, ao mesmo tempo, é causa e efeito. A principal mensagem disso é a importância de se entender a natureza interligada da realidade, da qual o relacionamento é a base fundamental. Os novos paradigmas científicos estão explorando a vida como relacionamento, e esse é o caminho do futuro. Como astrólogos, tentamos aplicar a teoria dos Sistemas Gerais à análise do mapa natal, formando, aos poucos, um quadro da dinâmica e das relações interiores implícitas em todos os dados astrológicos, e dessa maneira lançar luz sobre a pessoa como um todo. Nessa analogia, as "partes" são os planetas, os aspectos, as casas etc., e o sistema é a pessoa orgânica.

De forma semelhante, os astrólogos humanistas e transpessoais têm uma visão do mundo correspondente à sintropia e ao holismo. O prefixo "sin" indica relacionamento e ligação, a união das partes; "tropia" (do grego *trope*) significa transformação. Portanto, na sintropia as partes se juntam e, ao fazê-lo, provocam uma reação que pode gerar algo novo. Parte da teoria da sintropia é a idéia de que todos os sistemas vivos têm um impulso inerente para o aperfeiçoamento de sua potencialidade total. Holismo é o princípio subjacente organizador, embora invisível, inerente à natureza, e envolve integração e relacionamento em totalidades, além da crença em que o desenvolvimento evolutivo pode ocorrer como resultado da autocriatividade consciente. O astrólogo acredita no potencial humano expressado por intermédio de relações interiores e exteriores, e no progresso evolutivo constante por meio da mudança interior estimulada pessoalmente (ou seja, as psicoterapias); em geral, aconselha seus clientes segundo essa perspectiva esperando ajudá-los a se tornarem mais inteiros.

O mundo da física quântica é como uma teia interligada de potenciais, acontecimentos, relações, mudanças súbitas (os saltos das partículas quânticas) e tem uma analogia com o mundo explorado pelo astrólogo — a teia do mapa natal. No mundo subatômico, a matéria não existe enquanto entidade estática, como demonstra a natureza contraditória da partícula-onda (a partícula é tanto um ponto fixo de pequeno volume como um padrão de onda que se espalha num espaço maior); as coisas são paradoxais e contêm seus opostos. Na coexistência das partículas e ondas vemos as "tendências a existir, a ocorrer". Também aí há uma correspondência com a astrolo-

-41

gia, pois lidamos basicamente com fatores de probabilidades astrológicas, baseados na natureza das energias planetárias envolvidas e a probabilidade de que ocorram determinados resultados por meio dessas relações (tendências/características pessoais). Em essência, nossas análises se fundamentam em fatores de probabilidade e, devido à diversidade de combinações possíveis das relações planetárias, temos que nos basear em "tendências a ocorrer", intuição e decisões especulativas — o que também é conhecido como a arte da astrologia.

TÉCNICAS CRIATIVAS E MÁGICAS

Passar do universo da física quântica, da fisiologia do cérebro e dos paradigmas científicos para uma perspectiva mágica pode parecer um salto enorme. Porém, as abordagens mágicas tradicionais, com sua ênfase na exploração da mente, podem proporcionar formas de se entrar em contato com outras dimensões universais e nos ensinar a trabalhar com o poder criativo do universo.

Uma definição simples para a magia é a arte de provocar a ocorrência de mudanças na consciência. Como todo o universo é consciente, em graus e formas variáveis, o alcance que temos como pessoas e fragmentos dessa vida consciente é infinito. As mudanças na consciência são tanto individuais quanto coletivas, devido à natureza intrínseca da teia de relações e ao fato de que qualquer metamorfose na "mente individual" tem um impacto correspondente na "mente coletiva", ligando e transformando as polaridades dos mundos interior e exterior. Quando mudamos, o mundo também muda. A revolução começa em nós.

Muitos dos antigos segredos das escolas esotéricas estão hoje ao alcance do público, como se Urano (o regente da via oculta) abrisse a maioria das portas secretas e nos permitisse uma aproximação mais fácil da "verdadeira libertação da mente". É hora de a humanidade cooperar conscientemente com o trabalho criativo dos deuses; e podemos trabalhar com Urano para auxiliar na manifestação de sua idéia-sonho futurista. Quero indicar algumas das técnicas capazes de estimular nossa revolução interior e participar da reestruturação do mundo. Elas são análogas à função original de Urano como pai fundador, que expressou as técnicas espirituais, as quais, num plano mais elevado, formaram nossa realidade. Por esses meios, começamos a nos alinhar com o trabalho dos planetas transpessoais, com suas energias e seus deuses.

Como vimos ao examinar o *continuum* corpo-cérebro-mente e ao considerar os atuais paradigmas científicos, os padrões fixos e as crenças contidos na mente condicionam a experiência que temos da realidade. Se nossa programação cerebral dominante é "fixa e fechada", é negada a grande parte da vida a possibilidade de existir e de chegar facilmente à experiência individual; restringem-se as opções, inibe-se a liberdade de mudar — a perspectiva básica é reacionária, voltada para o passado. Se as atitudes forem mais fluidas e abertas, há uma maximização do potencial e das opções, mais aspectos ou dimensões da vida podem ser explorados e vivenciados e há uma cooperação mais fluente com o impulso de mudança — a perspectiva é revolucionária e evolutiva. Simplificando, determinamos e criamos o nosso futuro de acordo com a visão que defendemos.

Minha preocupação é com a reestruturação individual e coletiva. Ela pode ocorrer por meio de percepções e lampejos de compreensão, do aprendizado de novas habilidades, do ato de se apaixonar e das conversões místicas/políticas/psicológicas. "Mágica" é um termo para indicar essa via, "alquimia" é outro; mas o objetivo é o mesmo: a transformação. A visão tradicional que o adulto tem da infância é a de um mundo mágico de encantamento, espanto e aventura, muitas vezes encarado com nostalgia como algo que se perdeu. Entretanto, o que aconteceu simplesmente foi que, ao entrar no "mundo adulto", fechamos nossa mente a essa percepção do universo. Se quisermos, poderemos redescobri-la. Algumas psicoterapias atuais empregam às vezes velhas técnicas de magia para integrar a mente individual e penetrar na sua natureza. Como astrólogos que sondam os mundos dos deuses arquetípicos, deveríamos reintegrar nossas associações com as técnicas e atitudes mágicas, porque, ao fazê-lo, talvez encontremos uma forma eficaz de entrar em relação direta com os deuses e as energias planetárias.

Visualização Criativa

Isso envolve o poder da imaginação interior para mudar a vida pessoal, através da solução de problemas e da cura das divisões psicológicas. É uma forma de reprogramação, desenvolvida pela própria pessoa de acordo com as necessidades pessoais. "Formar imagens" pressupõe a tese de que os acontecimentos são afetados pelo que imaginamos e visualizamos. Sob muitos aspectos, criamos nosso próprio futuro através das preocupações da mente e das emoções que, ao serem repetidamente remoídas, atraem os acontecimentos ou situações correspondentes. Assim, uma mente reestruturada e reprogramada atrairia aquilo que precisa e repeliria as experiências e os problemas que preferir não vivenciar.

43

A crença fundamental é que tudo é energia, e é por meio da imaginação criativa que essa energia vai ao encontro do nosso pensamento enfocado, manifestando, por fim, nosso propósito voluntário. O processo de criação começa como uma idéia ou imagem, que, ao ser plenamente elucidada, pode atuar como força magnética que afeta a matéria do plano físico, tornando-a condizente com a idéia criativa. A imaginação manipula as energias universais.

Aqueles que estão sempre preocupados com algum acontecimento negativo do futuro têm muita probabilidade de gerar situações que farão com que sua preocupação se torne realidade, porque a energia foi exteriorizada e, seguindo aqueles padrões mentais, estimulou a reação adequada do exterior. Essas pessoas atraem a realidade com a qual se preocupam. Do mesmo modo, as projeções positivas de energia e padrões de pensamento podem atrair situações favoráveis, manifestadas como resultado de desejos e necessidades.

O uso criativo dessa técnica pode levar à reestruturação pessoal, onde padrões e atitudes ultrapassados venham a ser substituídos por outros mais adequados e positivos. A técnica permite, a quem faz uso dela, atravessar os períodos de mudança e transição, sanar as divisões da personalidade indicadas pelos posicionamentos planetários discordantes e proporcionar um meio de instaurar um diálogo interno entre os arquétipos planetários. Embora os resultados finais dependam da dedicação individual, a técnica pode, mesmo assim, ser proveitosa, uma vez que proporciona uma forma de assumir o controle da vida pessoal e reprogramá-la de um modo conscientemente escolhido, em vez de a pessoa sujeitar-se passivamente ao que parece ser um destino inevitável.

A meta pode estar em qualquer plano da vida, seja melhorar ou influir na qualidade da vida no plano físico, seja estabilizar e ajustar emoções e relacionamentos ou mesmo desenvolver características pessoais mais benéficas, como tranqüilidade, senso de humor e autodisciplina. A intenção é esclarecida conforme o que se deseja mudar, enfocando-se e energizando-se uma imagem ou idéia por meio da recordação repetida (ou pela meditação) e resumindo tudo numa declaração verbal.

Por exemplo, uma pessoa que queira se tornar mais criativa e desenvolver talentos latentes pode visualizar-se executando a forma real de criatividade desejada, digamos a pintura; ou então imaginar seu trabalho exposto numa galeria, e resumir desta forma: "Sou um canal aberto para a inspiração artística e a criatividade, e meu trabalho agradará aos outros". Esse processo pode levar tempo e depende da existência de um talento latente (a auto-avaliação é o primeiro requisito desta técnica), porém a visualização e a verbalização podem ajudar a concretizar o sonho, porque ambas geram e enfocam a energia de uma forma específica. Outra declaração poderia ser: "Aceito o fato de que todos os meus sentimentos fazem parte de mim". Isso poderia ser usado com proveito por alguém que esteja negando ou reprimindo determinadas emoções e sentimentos, segundo indicações do mapa natal. É possível verificar-se uma revolução nesses atos autoconduzidos de reprogramação. Áreas como saúde, apreço pela vida, relacionamentos, contato com o eu superior podem ser abordadas por essa técnica.

Ela é uma ferramenta que facilita a mudança, e como tal deve ser cuidadosamente incorporada à análise astrológica para harmonizar as energias díspares por meio da criação de uma "fórmula de ponte". O resumo e a verbalização têm uma propriedade mântrica, ao incorporar a intenção global numa forma de autogênese (hipnose pela auto-sugestão verbal), e que também se liga ao trabalho do sétimo Raio, conforme veremos no Capítulo 7.

Ao aprendermos a conduzir nossa vida pelo uso da mente, conquistamos um lugar na futura construção de uma nova estrutura mundial. Trata-se da construção de formas de pensamento que é ensinada em várias escolas esotéricas, porém orientada principalmente para o trabalho no nível da mente coletiva.

Essa questão tem vários aspectos e o processo só pode ser indicado aqui de forma sucinta. Um dos aspectos envolve a limpeza do nível da mente coletiva que contém formas de pensamento acumuladas por muitas gerações de povos e raças, tais como crenças religiosas, filosofias políticas, atitudes culturais e raciais, desejos, necessidades, emoções e atos humanos cumulativos. O trabalhar nesse sentido envolve a atividade radiadora da luz para desbancar as formas de pensamento restritivas e criadoras de ilusões, de modo que sejam liberados os canais de contato com a mente universal e se recebam as impressões desse nível elevado. Têm bases aqui as formas de pensamento progressistas e inclusivas, que, similarmente às "técnicas de visualização criativa" mais voltadas para o indivíduo, podem, através do enfoque regular de um grupo, impulsionar a atividade radiadora da idéia da forma de pensamento, de modo que outras pessoas entrem em contato com ela ou que sua presença influencie o pensamento delas. Os esotéricos diriam que as investigações científicas contemporâneas do holismo e do misticismo foram inspiradas nos pioneiros científicos que entraram em contato com essas formas de pensamento. No ocultismo, tanto o pensamento quanto o conhecimento são, em geral, muito mais avançados do que se reconhece. E essa atividade quase sempre é considerada "um serviço à raça ou ao mundo". É uma atividade especializada que só pode ser adotada por mentes treinadas e enfocadas, e basicamente envolve a contribuição para que o plano divino se manifeste, simbolizado por Urano, o visionário idealista.

Outra abordagem que tem ganhado aceitação é a de "montar histórias" (*pathworking*). Surgiu através da psicoterapia, sob a forma de meditações dirigidas e jogos mentais; apareceu até nos RPG (*role-playing games*), como "Masmorras e Dragões", graças à preferência cada vez maior do público por fantasias nos livros e no cinema. Neste contexto, entretanto, o que importa é o papel da "montagem de histórias" que servem como passagens entre os mundos interior e exterior da mente. Usando a imaginação criativa como veículo, é possível entrar em contato com os arquétipos e os reinos do inconsciente por um caminho mais fácil e estimular, assim, as transformações da consciência. Muitas vezes essa abordagem toma a forma de um conto e um cenário simbólicos, tendo por base elementos de exploração mítica. Em geral, trata-se de um roteiro que leva a pessoa a participar de um mundo interior; as criaturas simbólicas, as personagens e a história muitas vezes são tiradas de fontes tradicionais como o Tarô, a Cabala, os mitos de deuses gregos, egípcios e célticos, os arquétipos e os planetas astrológicos.

Para o astrólogo, essas técnicas proporcionam uma dimensão adicional, tanto do ponto de vista de sua experiência astrológica pessoal como das ferramentas disponíveis para que ele indique como o outro pode se curar e desenvolver seu potencial. Embora a análise do mapa proporcione um quadro surpreendentemente claro de áreas problemáticas, em geral falta um acompanhamento ou um programa de mudança voltado para o desenvolvimento conjunto. A montagem de histórias serve como técnica ao astrólogo investigativo para estabelecer uma relação mais direta com os deuses e as energias planetárias e mitológicas, desenvolver seus próprios e intransferíveis contatos interiores com as potências de transformação, de modo que, à parte o entendimento intelectual da astrologia, ele se transforme na encarnação viva do conhecimento das estrelas, um canal transmissor de energias interpessoais.

Crescemos ao integrar nosso cérebro e nossa mente divididos, ao despertar para uma totalidade maior, talvez por meio da visualização e da montagem de histórias. Graças a essa atividade, preparamonos para colaborar com o trabalho do grande idealista, Urano.

CAPÍTULO 4

Urano e os Aspectos Planetários

Os aspectos natais de Urano precisam ser cuidadosamente analisados, já que contêm informações essenciais sobre as formas mais visíveis utilizadas por esse planeta para operar e revelar sua atividade por meio do mapa natal. Os aspectos tornam-se padrões intrínsecos de expressão da personalidade e, graças a sua natureza inquieta, estimulante e agitada, costumam ser reconhecidos com facilidade, mesmo que a própria pessoa não os admita. É um exercício interessante estudar os próprios aspectos principais de Urano e saber até que ponto se é condicionado por sua influência. A esta altura, é proveitoso fazer um apanhado geral da natureza dos cinco principais aspectos.

Conjunção

A conjunção, ou alinhamento próximo de pelo menos dois planetas, é considerada, em geral, o mais forte dos aspectos. Envolve a fusão das energias e das características não diluídas dos planetas conjuntos e pode ser considerada um canal por onde as funções desses planetas se expressam mais facilmente na personalidade. Muitas vezes essas tendências combinadas são afirmadas com considerável vigor pela pessoa, que pode reconhecê-las conscientemente como expressões de poder pessoal e individualidade em situações de convívio social; por outro lado, o exercício dessa assertividade sobre os outros causa um impacto bem menos consciente.

A influência da conjunção é ambígua, quase sempre devido à natureza da tensão interna e ao desafio da fusão de energias, que podem ser não complementares ou até antagônicas. Esse fato revela-se com freqüência nas dificuldades de relacionamento, principalmente em situações em que se faz necessária a moderação ou o controle das reações, para evitar atritos. Talvez seja preciso aprender essa "habilidade de vida" para conviver em sociedade, mas não deverá ser usada com exagero, pois provocaria o surgimento de um padrão de inibição de pensamento e sentimentos quando se está em companhia de outros. O que se exige é sensibilidade para certas situações, em que pode ser mais prudente ou mais harmônico ficar quieto ou, no mínimo, pisar com cuidado. Sem dúvida, essa energia combinada insiste sempre na necessidade de ser expressada, e seus canais de expressão são procurados conscientemente nas áreas de vida indicadas pela posição por casa dos planetas em questão.

A facilidade e a eficácia do emprego dessas energias na vida diária depende, até certo ponto, da afinidade dos planetas envolvidos. Elas podem fluir juntas, de uma maneira quase mágica, permitindo que certos talentos e qualidades desemboquem espontânea e milagrosamente em efetivos canais criativos, desde que tenha sido feito um esforço concentrado para trazê-los à tona. Chega-se, então, ao uso correto dos recursos pessoais, para benefício da própria pessoa e, idealmente, também dos outros.

Se não houver entre os planetas afinidade ou fácil colaboração, será mais difícil utilizar a energia e é provável que o confronto provoque ajustes internos para que as energias funcionem melhor uma com a outra. A conjunção é um ponto de poder concentrado no mapa natal, se for liberada de modo adequado.

SEXTIL (ASPECTO DE 60 GRAUS)

O sextil indica uma relação energética natural entre os planetas envolvidos, associando-se particularmente com o plano mental. Conforme forem esses planetas, o sextil nos dá indicações sobre a natureza da mente da pessoa e o provável conteúdo natural de seus padrões de pensamento. Facilita a capacidade de absorver informações, coligir e sintetizar os fragmentos de conhecimento num todo, e ainda comunicar o resultado. Associa-se freqüentemente ao talento para a expressão criativa, principalmente através das palavras, e contribui para que a vida seja encarada com tolerância, graças à capacidade de captar o conhecimento intelectual e os desenvolvimentos culturais da humanidade.

A influência do sextil tem uma faceta de abertura que propicia a harmonia, uma vez que seu efeito interior não é de fechamento e sim de desenvolvimento de curiosidade, dando lugar a novas percepções e criando desembaraço no ambiente social e na cooperação grupal.

Trígono (Aspecto de 120 Graus)

O trígono é um aspecto positivo e conciliador, capaz de juntar de forma funcional duas energias aparentemente opostas; daí o fato de ter o triângulo como símbolo. O trígono pode ser usado para solucionar áreas problemáticas associadas aos aspectos difíceis ou desafiadores feitos com qualquer um dos planetas envolvidos. Como o símbolo do triângulo está ligado à compreensão e solução do dualismo, os aspectos de trígono envolvendo Urano e quaisquer outros planetas são a chave dos processos de integração pessoal, cura e transformação, e é sob essa luz que devem ser cuidadosamente considerados.

Quadratura (Aspecto de 90 Graus)

O aspecto de quadratura entre planetas indica uma relação energética de tensão e desafio que não pode ser solucionada sem algum tipo de adaptação interna. Potencialmente, o trabalho com a quadratura produz resultados que levam à maior harmonia interior, o que, entretanto, só acontece depois de prolongados esforços e frustrações psicológicas. Passando por esse fogo purificador, o caráter renasce sob algum aspecto essencial. Muitas vezes, o aspecto parece indicar barreiras na psique individual que repetidamente bloqueiam um caminho escolhido.

Há "lições e desafios" representados pela quadratura que são inevitáveis e crises que devem ser enfrentadas como etapas do caminho da vida. As quadraturas são frustrantes; são uma fonte de conflito interior que, a menos que se entenda a essência do desafio, terá um efeito negativo sobre a vida e irá contrariar muitos desejos e intenções. Se a quadratura for "superada", ela vai servir como ponto de liberação do poder e da energia que podem ser empregados para atingir as metas pessoais. A quadratura está associada com áreas psicologicamente problemáticas; tentar reestruturar a vida interior, a mente ou as emoções é de vital importância.

Oposição (Aspecto de 180 Graus)

A oposição muitas vezes refere-se mais ao mundo exterior objetivo e aos relacionamentos. A menos que a orientação pessoal esteja totalmente voltada para as realizações no mundo exterior, é provável que a oposição não resulte em constante luta pessoal como na quadratura interior. Enquanto a quadratura representa um desafio peculiar, particular, pessoal, a oposição tende a ser projetada no exterior (à semelhança da Sombra), criando um contexto em que o conflito possa ser percebido, observado e trabalhado. Podem surgir sinais de comportamento compulsivo, exigências em relação aos outros e expressões do poder da vontade concentrada e do autocentrismo, que muitas vezes interferem nos relacionamentos íntimos, juntamente com as tentativas de manipular as pessoas em proveito próprio. Os relacionamentos criativos e harmoniosos ajudam a resolver o conflito entre a oposição das energias planetárias; além disso, todos os trígonos ou sextis com qualquer um dos planetas em oposição podem ajudar a resolver os problemas.

Aspectos de Urano

Os aspectos formados por Urano e qualquer planeta natal são relevantes para apontar uma área da vida onde existe necessidade de expansão e liberdade. Esses aspectos são como uma porta para novos horizontes; tudo o que a pessoa precisa fazer é abri-la.

A despeito da natureza dos aspectos, eles representam um potencial que pode ser aproveitado, seja pelo emprego fácil de energias planetárias em mútua harmonia, seja pela luta interna para transmutar os aspectos mais desafiantes em sua dimensão mais positiva.

É nessas portas para o "novo" que a pessoa pode ampliar suas experiências de vida, tornar-se consciente de novas percepções e *insights*, ser livre para experimentar e animar-se com o novo estímulo proporcionado pela sensação de libertação dos padrões de comportamento e estilo de vida mais antigos e restritivos. Passa a existir maior liberdade para soltar e expressar a individualidade antes aprisionada e livrar-se — se necessário — dos moldes de comportamento impostos pela educação e que refletem o *ethos* social dominante. Isso implica a recriação do eu, em que o tema da criatividade passa a ser o princípio operacional.

Muitas vezes, a sociedade tem uma postura ambígua em relação à criatividade. Em tese, a criatividade é aprovada e seu papel no desenvolvimento cultural é valorizado. Entretanto, a pessoa associada à criatividade e à livre expressão às vezes é vista como socialmente subversiva. As pessoas potencialmente criativas sofrem, no decorrer da vida, constante pressão social e econômica no sentido de se adaptarem aos caminhos socialmente aceitáveis. Coletivamente, é sempre desconfortável e de certa forma ameaçador estar diante de alguém que tem uma aparência não convencional ou que nitidamente adota uma filosofia não conformista. Essas pessoas que escolheram ser mais criativas (mesmo que seja na escolha de roupas ou penteados) ao menos deram um passo além do conformismo inconsciente para vivenciar um pouco a própria singularidade. A criatividade manifesta-se no esforço de criar um estilo de vida realmente pessoal, em vez de simplesmente cair na armadilha social do "como deve ser". A recriação de si mesmo é um processo difícil, embora valioso, que exige um distanciamento da média da sociedade para enxergar com mais clareza. Isso é criatividade, assim como o são a literatura e a arte. São todas potencialmente subversivas, já que podem proporcionar novas concepções, *insights* e estilos de vida, e por isso são capazes de abalar as tradições e os costumes estáticos da sociedade. A criatividade uraniana provavelmente reflete essa necessidade de recriar-se por intermédio do não conformismo.

A vibração uraniana muitas vezes se caracteriza pelo atrito criado na psique com freqüência e ritmo irregulares. Pode ser altamente carregada, oscilante e, por expressar ao mesmo tempo características positivas e negativas, o impacto espasmódico da vibração uraniana sobre o sistema nervoso pode provocar estresse e tensão. De uma hora para outra, a vida parece acelerar e energizar-se, as mudanças começam a acontecer com rapidez e é provável sobrevir a sensação de que as coisas estão fugindo ao controle consciente. A mente é inundada por novas revelações sobre a vida e o eu, ocorrendo explosões de atividade criativa ou idéias sobre negócios.

É uma fase eletrizante e leva algum tempo para assimilar e integrar os novos rumos que, intuitivamente, a pessoa sente que são necessários. Para aqueles muito identificados com as estruturas da personalidade e que dependem delas para ter segurança na vida, essa pode ser uma fase muito difícil. É comum a sensação de desnorteamento, que por sua vez pode desencadear doenças psicossomáticas ou colapsos, pois os alicerces interiores foram despedaçados.

Por outro lado, para quem consegue navegar na crista dessas ondas de mudança, essas fases podem ser altamente liberadoras e representar pontos de virada que vão permitir viver com mais liberdade e em sintonia maior consigo mesmo. Nesse caso, significam o empurrão necessário para a energia que vai libertar a pessoa de um ambiente limitador — interno ou externo —, recriar a vida e realizar seus sonhos.

CONJUNÇÃO SOL-URANO

Com este aspecto, é provável que você vivencie constantes choques e desacordos com os outros e com a sociedade. Isso se deve ao fato de que sua tendência básica é ser muito individualista e não conformista, o que, inevitavelmente, provocará conflitos com as tradições e os padrões sociais de estilo de vida.

Você não tem natureza passiva nem cede facilmente às exigências feitas pelos pais, pela escola, pela religião ou pelo Estado; é uma alma apaixonada e rebelde que rejeita, questiona e se opõe às pressões das quais discorda, ou que, acredita, irão coibir sua liberdade. Tanta "paixão", contudo, não tem raízes emocionais; é uma forma própria de liberar a energia acumulada em sua natureza e que precisa encontrar um canal de vazão, tal como a água fervente se transforma em vapor para sair do recipiente. Diante da menor ameaça de "aprisionamento", você começará a procurar a saída. Essa necessidade de liberdade — seja o que for que "liberdade" signifique para você — é uma influência dominante na vida. A necessidade premente de expressar essa energia tem um efeito perturbador sobre suas escolhas adultas e os rumos a seguir. Em virtude dessa pressão interna para mudar, é provável que perceba os elementos de imprevisibilidade infiltrando-se nos seus padrões tradicionais de vida, como o vapor que sai da água em ebulição. Sob alguns aspectos, chega a ser bom e benéfico, porém uma energia que atua de forma inconsciente e descontrolada pode causar graves rupturas numa vida pessoal ou familiar relativamente harmônicas, pela simples razão de que a pessoa sob sua influência começa a agir de forma potencialmente destrutiva. "Pôr a energia para fora" para tentar reduzir a pressão interna não é construtivo nem sensato. O processo interno indica que a mudança é necessária, e em geral ela se relaciona com uma determinada área da vida, que é indicada na casa por onde Urano está transitando. É preciso estar atento para sintonizar-se com as mensagens vindas do interior, de modo que a energia seja dirigida para canais adequados de expressão.

Você terá de admitir e enfrentar as implicações do ódio inato que sente pelas restrições que a vida invariavelmente impõe através da família, do emprego e da sociedade. Você luta contra essas restrições durante toda a vida, desejando ser "livre", mas livre para fazer o quê? E livre para viver como e onde? Provavelmente não existem respostas verdadeiras, mas a busca é vital para encontrar uma direção satisfatória. Caso contrário, ao conquistar a liberdade, você descobrirá que, ao romper os laços, acabou se perdendo e destruiu os alicerces que só agora reconheceu serem importantes e significativos.

Nos relacionamentos íntimos, você precisa estar ciente da tendência a atribuir excessivo valor e importância às suas próprias necessidades e insistir nos próprios direitos e na liberdade individual para expressar sem concessões sua natureza, muitas vezes deixando de dar o correspondente ao parceiro. Nesse caso, impaciência com um toque de intolerância pode ser um problema causador de atritos, assim como a atração que você tem por áreas de experiências vistas

52

como desviantes e não convencionais. Não que essas reações o preocupem muito; na verdade, pode ser que você se sinta tentado a exibir essas possíveis tendências.

Provavelmente, sentirá atração por relacionamentos físicos e afetivos excitantes, intensos e súbitos, em especial os espontâneos, que acontecem sem muita consciência das conseqüências futuras. Você prefere a "novidade", explorar o desconhecido e conceber variações, e muitas vezes foge do compromisso e da responsabilidade, seja por medo ou por incapacidade de valorizar igualmente as necessidades do parceiro. O problema é equilibrar a sua necessidade de novas experiências, o ódio que sente pelas restrições e o desejo de total liberdade com a necessidade de conviver com os outros.

Você precisa amadurecer nos seus relacionamentos, tornar-se mais ciente da importância de compartilhar; precisa cuidar do seu parceiro como cuida de si mesmo e ajudar os outros a expressar a totalidade da própria natureza, sem coibir-lhes o desenvolvimento pessoal por meio da insistência dominadora nas suas próprias necessidades. Aprenda a caminhar lado a lado com o outro rumo à liberdade e à realização.

Reconhecer essas tendências na sua natureza é o primeiro passo para assumir o controle e fazer uso consciente das energias, para que a sua vida comece a funcionar melhor, tornando-se mais significativa e satisfatória.

Um dos caminhos que talvez você ache proveitoso para essa renovação, reorientação e conhecimento pessoal consiste na expressão do seu impulso através da exploração e investigação de novos horizontes e interesses; mas tente, em vez de manifestar esse impulso de uma forma totalmente autocentrada, vivê-lo também através dos relacionamentos.

Você está naturalmente sintonizado com a "mente superior" ou "Mente Universal" uraniana. Isso significa que tem um poder inato e que sua mente é capaz de dar saltos súbitos e fazer conexões que podem proporcionar novas percepções e maneiras de encarar a vida. Embora em muitas pessoas essa característica possa ser demasiadamente errática e indisciplinada para ser aproveitada em sua totalidade, a tendência natural é que ela se encaminhe para o futuro. É uma reação contra as restrições impostas pelos padrões instituídos e pelas tradições sociais, estáticas e previsíveis — o espírito revolucionário — e também é uma ferramenta que pode ser útil na idealização e criação de sociedades futuras. Combinando sua tendência natural para a permissividade com a necessidade de expressão criativa, você poderá explorar a si mesmo e desenvolver-se no contexto das filosofias e atitudes progressistas, associando-se a pessoas que pensem de modo semelhante para construir a Nova Humanidade Aquariana. O fato de você personificar novos padrões de estilo de vida e atitudes mais abertas pode abrir-lhe um novo mundo a ser explorado agora, também em benefício dos outros. Nisso consiste a liberdade sem as restrições atuais, ao lado das oportunidades de expressar a sua natureza rebelde diante das limitações sociais. O que se espera é que você ajude a construir um mundo mais compreensivo e livre, onde os benefícios obtidos por você sejam aproveitados por todos, à medida que for transformando o interesse que tem por si mesmo em interesse pelo grupo.

Sextil Sol-Urano

As energias radicais de Urano são potencialmente expressadas com mais facilidade no sextil e no trígono do que na conjunção. Visto que na pessoa que tem o aspecto de conjunção faz-se necessária uma importante virada — para renovar e redirecionar a abundante e insistente energia uraniana —, os dois outros aspectos dinâmicos e harmônicos também estão maduros para serem explorados e utilizados no desenvolvimento pessoal.

É provável que você tenha uma perspectiva naturalmente progressista, um senso de afinidade com a sociedade, voltado para a afirmação de seu lado positivo, de seu potencial de aperfeiçoamento e melhoria de vida para os outros. A postura assertiva e possíveis agressividade e rebeldia já foram transformadas em tendência reformista dentro de você. "Mudar de dentro para fora" é o seu lema, e não o ataque direto e destrutivo nem a opção negativa de apartar-se da sociedade.

A sua mente é muito ativa: busca, questiona e investiga naturalmente, e tem necessidade de uma auto-expressão criativa. É importante a afirmação individual e pessoal, mas a excentricidade desmedida não faz o seu estilo. Mais do que outro que tenha a conjunção, você percebe em si um "centro", um caráter interno mais estável, a capacidade de conduzir a sua vida e fazer escolhas sábias. São mais evidentes a tolerância e a compreensão em relação aos outros, principalmente uma tolerância de raízes intelectuais, baseada nos seus inatos instintos humanitários, mesmo que, muitas vezes, seu contato emocional com os outros possa ser um pouco frio ou retraído. Você não se sente um só com o mundo, mas intelectualmente falando, sim; talvez seja necessária maior empatia.

É provável que você se associe a grupos que apóiam as tendências reformadoras futuristas e queiram "mudar o mundo para torná-lo um lugar melhor para todos". Se quiser, poderá ocupar cargos de importância nesses grupos, tornando-se o porta-voz das visões e ideais, e transmitindo o seu entusiasmo e sua atitude positiva através desses canais. Em geral você é franco nas opiniões, tentando ser fiel e coerente com suas crenças. Honestidade e abertura encabeçam sua lista de valores essenciais, e você não tolera mentiras e enganos e nem as pessoas que agem assim; isto pode levá-lo facilmente a fazer oposição a governos nacionais ou grupos instituídos que sejam "parcimoniosos com a verdade" por ordem de seus "superiores". Da mesma forma, pode levá-lo a romper com grupos aos quais esteja associado, se eles — na sua opinião — caírem nesse comportamento ou deixarem de se pautar pelos elevados ideais que defendem em público.

Para você, a vida tem um significado intrínseco muito valioso; você está sempre à procura desses valores em todas as suas experiências, confiando em que a vida é boa, apesar das aparências. Entretanto, está ciente dos lados mais sombrios da existência e tem vontade de melhorar a qualidade de vida dos que sofrem ou das gerações que estão por vir.

Às vezes, principalmente depois de sofrer decepções no seu caminho, é possível que você se afaste friamente dos relacionamentos ou do envolvimento social. Encare isso como uma fase temporária para uma reavaliação. Você precisa de pessoas que pensem como você e deve continuar a comunicar-se com elas, compartilhando experiências, percepções e conhecimento. Com o tempo, essa tendência pode acabar desembocando em formas de ensino, nas quais, por meio de debate, você possa contribuir para o progresso dos outros, o que poderia ser muito gratificante.

TRÍGONO SOL-URANO

Como acontece com o sextil, a energia que emana do aspecto de trígono é de natureza harmoniosa e pode ser positivamente assimilada. A maioria das características do sextil repete-se com o trígono.

A sua sintonia natural com a "Mente Universal" facilita os *insights* e intuições, principalmente quando o trígono estiver sendo ativado por trânsitos ou progressões, o que proporciona oportunidades de intensificação da criatividade e a geração de idéias viáveis.

As tendências futuristas estão presentes, mas é provável que, com o trígono, essas idéias se fundamentem numa base de praticidade mais imediata, talvez em conseqüência de uma atitude alicerçada numa abordagem científica e racional.

No seu caso, vai ser relativamente fácil explorar a criatividade natural, já que esse aspecto libera grande quantidade de idéias potencialmente produtivas nas áreas de vida onde você precisa de inspiração. Graças à capacidade de perseverar e empregar a vontade concentrada, você não encontrará obstáculos reais para manifestar suas idéias criativas, que podem assumir formas múltiplas através da experimentação, da inovação ou da modificação do que já existe.

É provável que você se sinta interiormente distanciado de suas pesquisas e criações, devido ao eterno fascínio pela investigação, associado à criatividade, que age através do criador e nunca é percebida egoisticamente. Isso pode ajudá-lo a tornar-se bastante produtivo na área de sua escolha, além de favorecer uma grande diversificação, pois você procura em volta formas convenientes de abrir suas asas e explorar novos horizontes.

Suas tendências reformistas, idealistas e humanitárias poderão ser comunicadas e satisfatoriamente compartilhadas com os outros, o que contribui para uma sensação de bem-estar, já que você precisa, de fato, ser útil aos demais. Seu senso de compromisso, entusiasmo e atitude positiva serão de grande utilidade no sentido de dar apoio ou de transmitir essas energias para motivar os empreendimentos do grupo. Seus relacionamentos pessoais também irão se beneficiar com esse extravasamento de otimismo e atitudes positivas, e com a sensação de estar compartilhando.

QUADRATURA SOL-URANO

A quadratura tem muitas das características da oposição, porém a energia frustrada da quadratura pode transformar-se numa forma de expressão mais agressiva e potencialmente violenta, caso não tenha um canal adequado de vazão. A necessidade de descobrir formas apropriadas de fornecer uma base de apoio à energia uraniana é comum em todos esses aspectos com Urano natal, e é a eterna tarefa uraniana.

Interiormente, você é errático, individualista, inquieto e agitado, desejando independência e se ver livre de todas as restrições sociais. É um dissidente por natureza, um criador de problemas sociais; prefere apoiar a opinião minoritária, e pode ser até que, nos grupos extremistas, a sua tendência a discordar o isole das pessoas que, basicamente, estão de acordo com você. Essa energia liberada indiscriminadamente é bem capaz de "provocar brigas numa casa vazia"! Ser o advogado do diabo é uma função que muitas vezes leva à confusão pessoal e à perda do eu, pois, no fim, ou você vai destruir ou perder de vista as próprias atitudes, crenças e ideais que antes o moviam. Para você, o simples fato de uma determinada opinião ou crença ser sustentada pela maioria já é razão para ser rejeitada. De uma perspectiva mais ampla, essa postura pode ter uma certa validade. Como Spike Milligan disse certa vez, "Cinqüenta milhões de moscas não podem estar erradas... portanto, coma mais sujeira!".

É bom lembrar que uma atitude dessas, na verdade, tem o tom intrínseco da energia uraniana, mas levada a um extremo mais destrutivo. A exaltação da individualidade singular precisa ser feita de forma correta e judiciosa, caso contrário entrará em ação a tendência negativa destrutiva.

Você é indisciplinado, odeia as rotinas previsíveis da vida e do trabalho e tem dificuldade para agir com responsabilidade e compromisso. Reage à adaptação às normas sociais, pois acha que elas coíbem o seu desejo de ser livre. Muitas vezes você assume as opções que faz a despeito das repercussões e do custo que possam representar. Provavelmente não consegue ouvir os conselhos bem-intencionados, e a sua teimosia e a necessidade de auto-afirmação o levarão exatamente àquelas mesmas experiências de vida e aos problemas contra os quais lhe preveniram. Com o tempo, se você olhar honestamente a sua vida, vai perceber as ocasiões em que se enganou, tomou decisões ou fez escolhas tolas, muitas vezes apenas para ser do contra, afirmar sua "livre individualidade". Sem consciência nunca somos livres, e sim prisioneiros das nossas próprias tendências inconscientes, que, ao fazerem de nós joguetes dos deuses interiores, acabam determinando nossas escolhas. É possível que você sinta uma certa paranóia, depois de fazer opções imprudentes. Não precisa ser assim. Você pode desempenhar um papel mais consciente na sua vida e não ser vítima da própria ignorância. Esses "inimigos" que você gosta de projetar são muitas vezes os seus próprios demônios não resolvidos que, lentamente, o estão consumindo.

Esse é um aspecto de transformação e renovação frustradas e bloqueadas; a revolução interior que Urano gostaria de promover está sendo inibida. As tensões internas podem tornar-se potencialmente violentas e precisam ser redirecionadas para canais positivos e construtivos. Talvez você deva liberar essa tendência de ser intratável, de ter atitudes anti-sociais, assim como os seus impulsos secretos por poder, usando-os para uma renovação; pare de antagonizar simplesmente porque quer ser do contra. A chave para uma relação mais satisfatória com a comunidade e para estabelecer relações íntimas mais harmônicas e mais benéficas para si mesmo é chegar a um equilíbrio de sua própria natureza e permitir a transformação interior.

Você mesmo reconhece que gosta que os outros se submetam a você, mas tende a perder o respeito quando o fazem. É preciso aprender a permitir o desenvolvimento e aprimoramento da singularidade dos outros, porque essa atitude é um corolário da sua filosofia pessoal. Revolva suas emoções íntimas e deixe que os venenos da frustração e do conflito emocional aflorem, para que eles sejam enfrentados, vistos e entendidos, liberados e transmutados mediante a aceitação de que são a parte sombria de você mesmo, que deve ser admitida e nunca negada. Agindo assim, você harmonizará suas energias e terá mais paz e tranqüilidade interiores (enquanto Urano permitir!), liberando-se desses venenos. O grande objetivo de tudo isso é permitir que a sua singularidade e individualidade fluam em liberdade, para que você atue menos como um oponente frustrado e seja mais o que realmente é e o que defende. Dessa maneira, você passará de uma expressão negativa para uma positiva. A escolha é sua e é você que desfrutará de seus benefícios.

OPOSIÇÃO SOL-URANO

A oposição e a quadratura têm várias características comuns às tendências mais problemáticas da conjunção. Essas tendências são amplificadas porque os aspectos desafiadores têm um atributo peculiar, semelhante a um padrão de fluxo de energia "liga-desliga".

São previsíveis os comportamentos interno e externo erráticos, que podem levar a mudanças dramáticas, e muitas vezes drásticas, de comportamento e de estilo de vida que em geral afetam as pessoas com o aspecto de conjunção.

Na sua vida oculta, é provável que você sinta uma corrente de atividade agitada que, apesar dos altos e baixos, está sempre presente.

Isso pode levar a tensões e irritabilidade, e dar a sua energia o tom irascível que é muitas vezes transmitido ou recebido pelos outros e experimentado como uma sensação de desconforto imponderável. Seu humor é inconstante, imprevisível e temperamental, provocando mudanças súbitas e desconcertantes nas suas atitudes e nos relacionamentos, às vezes contradizendo o que você acabou de afirmar. Nem mesmo você consegue perceber essa falta de continuidade.

Mas você dá ênfase à individualidade e à independência, com uma ânsia de liberdade em relação a todas as restrições e insistindo em suas próprias necessidades. Em alguns casos, isso se manifesta como compulsão a exibir uma atitude rebelde e anti-social, principalmente como uma explosão reativa de energia e não como uma resposta ponderada capaz de apresentar alternativas viáveis. Suas reações são de qualidade e conteúdo mais negativo, e você pode precisar de uma dose consciente de autocontenção para evitar uma reação recorrente e instintiva do tipo "reflexo patelar". Talvez você constate que lhe agrade ver os outros reagir aos seus ataques às instituições e às tradições, pois isso pode tornar a vida mais excitante, mas dificilmente será um ato que em si seja criativo ou positivo, já que muitas vezes você não tem nada de valioso para colocar no lugar do que está atacando.

Sob muitos aspectos, você é inseguro e se sente perdido e frustrado, seja com o mundo ou consigo mesmo. O fluxo interno de energia é desigual; às vezes você está extremamente carregado e tem dificuldades com isso, outras vezes parece que a energia está desligada e a vida segue monótona e sem graça. Provavelmente você carece de um centro estável e coeso, e vai ter de se esforçar para estabelecer um ponto firme de equilíbrio na sua identidade.

Talvez seja uma pessoa hipersensível, mas tende a negar essa faceta, pois não se sente à vontade com sua natureza emocional e seus altos e baixos periódicos que, por sua vez, também não se enquadram naquela auto-imagem intelectualizada que criou para si mesmo. É uma auto-imagem que pode ser bastante enganosa, mas também é um esteio para a tentativa de centrar a sua identidade. Dentre essas auto-imagens estão: considerar-se "adiante de seu tempo", um gênio ou artista incompreendido, um boêmio cultural, um revolucionário radical, um importante adversário da sociedade. Surgem imagens glamourosas do alto conceito que você tem de si mesmo e dos peculiares *insights* e idéias que tenta transmitir aos outros. Na verdade, talvez haja alguns grãos de ouro espalhados nisso tudo, porém, na maioria das vezes, você não vai até o fim e as boas intenções desmancham-se no ar. A avaliação que faz das coisas muitas vezes carece de praticidade e, ou por se deixar levar por novas e mais glamourosas idéias ou por lhe faltar vontade disciplinada, freqüentemente deixa de desenvolver ao máximo os seus dons naturais.

Embora você insista na supremacia da sua vontade, precisa aprender as formas efetivas de fazer concessões à sociedade e perceber que não é o centro todo-poderoso do universo, como, erradamente, muitas vezes se considera. O simples fato de aprender a ouvir outros pontos de vista e percepções já pode lhe ensinar muita coisa. Não que isso seja um processo que venha naturalmente, já que você tende a ver esses contatos e comunicações como uma espécie de desafio e montar barricadas contra outros pontos de vista.

Talvez seja necessário parar de investir contra moinhos de vento. Não que os moinhos não existam — eles existem, mas na forma de um esforço para redirecionar e redisciplinar sua natureza e suas energias. É preciso que você faça uma redefinição do "espírito revolucionário", uma recanalização de suas energias dispersas.

Aprender formas de relaxamento e técnicas de meditação pode ser muito importante para o seu bem-estar. Estados nervosos e muita tensão prejudicam a saúde. Os relacionamentos também serão problemáticos, pois as suas atitudes inconstantes, oscilando entre extremos, nem sempre são compatíveis com os padrões de comportamento de seu parceiro. Talvez você precise tomar cuidado para não fazer exigências emocionais excessivas, pelo simples fato de que emocionalmente você não tem equilíbrio e falta-lhe compreensão sobre esse nível. Sob muitos aspectos, provavelmente essa é uma faceta imatura da sua natureza, que exige desenvolvimento e exploração conscientes.

Acautele-se contra as tentativas de restringir a liberdade dos outros e também contra a atração indevida pela promiscuidade, a menos que você seja imparcial quanto à possibilidade de seus parceiros desfrutarem da mesma liberdade.

Conjunção Lua-Urano

Todos os aspectos Lua-Urano têm em si um conflito inerente e oculto nos efeitos sobre a personalidade, que é o choque entre as bases e os padrões antigos e tradicionais, representados pela Lua, e a qualidade de destruição, estímulo e avanço própria de Urano. Embora esse conflito possa manifestar-se em todos os níveis do ser, a inter-relação das energias tem uma dimensão extra graças à afinidade da Lua com as emoções e o sentimento, e a de Urano com o intelectualismo abstrato, mais impessoal, e com a mente. Isso pode criar um atrito interior entre "o coração e a cabeça", que para algumas pessoas pode ser de difícil solução.

Emocionalmente, você está sujeito a oscilações periódicas de humor e mutabilidade de sentimentos, que podem fazê-lo parecer imprevisível, não confiável e impulsivo, deixando a desejar quanto aos compromissos e ao senso de responsabilidade. As energias da Lua são elas próprias oscilantes, têm altos e baixos, e, conjugadas à vibração de Urano, não favorecem uma vida interior estável e controlável. Você verá que sua predisposição interior é extremada — vai da Lua dominante a Urano dominante — e só ocasionalmente você consegue um ponto de equilíbrio e harmonia entre os dois. Entretanto, esse meio caminho entre "a cabeça e o coração" é o ideal, e deveria ser a meta de todo trabalho de desenvolvimento pessoal.

Você busca o incomum e o excitante em todas as áreas da vida. O estranho e o novo o fascinam e atraem, sendo um fator de importância suprema nos seus relacionamentos íntimos. A sua Lua exigirá emoções intensas e vigorosas como "alimento", e Urano desejará fascínio e excitação para encantar a mente. O problema é encontrar num só parceiro a coexistência e persistência de ambos, pois em pouco tempo você estará à procura de outra pessoa. Seus relacionamentos provavelmente serão variados e potencialmente cosmopolitas, abrangendo um amplo leque de diferentes personalidades. Pode ser que você tenha dificuldade em definir qual delas é a mais adequada e qual poderá beneficiá-lo mais a longo prazo. Com muita freqüência é atraído por pessoas que realmente não condizem com você ou que representam um desafio de algum tipo, o que, na sua opinião, aumenta o estímulo.

Muita coisa vai depender do seu êxito em "equilibrar" o conflito inerente entre o impulso por uma base segura e o impulso pela novidade e a livre experimentação. Pode ser que a Lua domine, impondo-lhe, assim, restrições interiores, inibindo o desejo por novas experiências e liberdade, e provocando a frustração de sonhos não vividos; ou Urano vai empurrá-lo para o exagero, e nesse caso você perderá suas raízes e sua estabilidade numa busca de experiências novas, a despeito do custo pessoal.

Socialmente, você pode ter uma vida rica em interesses e conhecimentos, em que o seu estilo de expressão direto e aberto, associado a análise intelectual, realismo, tolerância pessoal e compreensão, torne a sua companhia estimulante e gratificante para muitas pessoas. Como você tende a refletir os dois lados de uma questão — fugindo ao compromisso de se posicionar e escolher um dos lados —, pode atuar como um amortecedor diplomático entre os adversários, além de conseguir manter a amizade e o contato entre eles.

Por fim, talvez você prefira ter uma vida independente, optando por não se restringir a um único parceiro de modo que garanta a liberdade pessoal para mudar à vontade. A causa pode ser a incapacidade de se comprometer e de se interessar por um relacionamento tradicional, ou os problemas criados em parte pela sua flexibilidade emocional e mudanças de humor, que fazem com que, no meio da confusão, você continue insistindo no seu direito à autodeterminação, ainda que não tenha uma idéia clara do que deseja.

Sextil Lua-Urano

Os aspectos de sextil e de trígono possibilitam responder mais facilmente à relação da energia Lua-Urano. A circulação e a combinação dessa energia acontece com uma fluência tal que proporciona, a quem tem esses aspectos, um potencial considerável.

Você constata que se apóia menos no passado e nos padrões tradicionais de estilo de vida e comportamento, e sem dúvida sente menos conflito sempre que responde à orientação de Urano para o futuro. Além disso, em você "a cabeça e o coração" seguem um só ritmo, de modo que os seus relacionamentos são mais fáceis e mais bem-sucedidos, e sua capacidade de ser firme é mais acentuada.

Você tem vivacidade mental, é atento às oportunidades que cruzam o seu caminho e em geral está disposto a aproveitá-las ao máximo. Está pronto para correr riscos e dar saltos especulativos quando se trata de capitalizar uma idéia ou um empreendimento. Aprende sem esforço e rapidamente com as experiências. Você é capaz de energizar todos os projetos com o seu entusiasmo, aumentando a probabilidade de darem certo. Sinais dessas características já deviam ser visíveis na sua infância; provavelmente você se desenvolveu e amadureceu mais cedo que a maioria dos companheiros. Surgiu em você uma sensação de independência e singularidade, criando um centro estável que lhe serve de base de trabalho e é uma fonte de energia à sua disposição.

Socialmente, você se dá bem com os outros; sente uma ligação empática com as pessoas que o torna tolerante e compreensivo. Talvez goste dos contatos pessoais e tenha vontade de ampliar essa faceta por meio do ensino e da comunicação, que lhe possibilitem transmitir aos outros seu entusiasmo e seu amor pela investigação e pela descoberta.

Seus relacionamentos íntimos devem ser menos carregados de amuos e tensões de origem emocional, o que vai contribuir para que tenha parcerias mais firmes, se for essa a sua opção. Você continuará sentindo o apelo dos impulsos uranianos pela mudança, variedade e novidade, mas o impacto dessa vibração será menos compulsivo e insistente. Se quiser, poderá guiar-se por ela, mas também saberá controlá-la. Entretanto, terá necessidade de uma nítida dimensão intelectual que vai pesar em suas escolhas nos relacionamentos mais íntimos. Também é provável que sua vida seja fortemente influenciada por mulheres que serão veículos importantes do seu "destino".

TRÍGONO LUA-URANO

O trígono é semelhante ao sextil, mas permite que você desenvolva o uso dessa energia num contexto social mais amplo. Mentalmente, você é curioso, tem necessidade de aprender, entende com facilidade e consegue utilizar as informações, habilidades e técnicas que vai continuar adquirindo durante toda a vida. Isso e mais a imaginação criativa serão utilizados para dar início a novos empreendimentos e negócios. Você tem a dose adequada de energia e o entusiasmo necessário, além da vontade essencial de ser bem-sucedido.

A sua atração inata pelo novo provavelmente girará menos em torno dos seus próprios interesses do que os do grupo, e você será inovador nas atitudes e nos pontos de vista. É aqui que a influência uraniana resplandece com mais força.

É possível que a sua vida familiar e pessoal seja considerada não convencional e incomum por algumas pessoas, embora, para você, ela seja perfeitamente natural. A tradição e os padrões previsíveis de comportamento são vistos por você como destruidores da vida e restritivos à liberdade e à exploração; e embora não se sinta totalmente identificado com a oposição aberta, também não sentirá nenhuma obrigação de reforçar as tradições sujeitando-se a elas, se não quiser. É possível para você respeitar alguns tipos de autoridade, porém terá atitudes rebeldes e sarcásticas ao denunciar excessos, quando achar que está havendo abuso de poder.

O bom uso dessa energia vai depender de se descobrir os canais adequados de expressão. Talvez você mesmo tenha de criá-los ou se junte a outros num empreendimento comum voltado para o futuro. Essa intuição, ou senso de inter-relação, age como guia e constitui um padrão de embasamento muito importante em sua vida. Sua luz poderá levá-lo a experiências mais adequadas ao seu desenvolvimento e irá satisfazer sua necessidade interior de construir o futuro aqui e agora.

Quadratura Lua-Urano

As características da quadratura são bastante semelhantes às da oposição, refletindo choque básico de energias e níveis díspares. Seus relacionamentos provavelmente serão campos de batalha e sua vida doméstica vai se desestabilizar enquanto você se debate com os conflitos internos não resolvidos.

Embora seja mentalmente vivo e bastante inteligente, pode haver um problema em relação à forma como emprega seus talentos. Encontrar um canal satisfatório de vazão para eles pode resultar em benefício ao seu equilíbrio interno. Se não o fizer, por falta de disciplina e aplicação, isso só servirá para aumentar seus conflitos interiores.

Você é capaz de livrar-se das restrições do passado, mas no seu caso o ideal é basear-se nos costumes conhecidos e tradicionais (influência da Lua), tendo, ao mesmo tempo, a possibilidade de explorar novos horizontes (para satisfazer Urano). O problema é como obter esse equilíbrio. A sua prática usual é abandonar o passado, para sentir que pode experimentar o novo com toda a liberdade possível. Isso é um reflexo do atual desafio mundial da integração do velho impulso pisciano com o novo impulso aquariano, de uma forma que não necessariamente envolva difusão da dor e da violência. Se você puder ajudar, integrando as atrações magnéticas do velho e do novo dentro de si mesmo, estará fazendo uma contribuição muito válida para a sociedade.

Mas se você se deixar dominar pelo impulso uraniano, provavelmente irá riscar do mapa a maioria das suas bases de vida. Embora isso possa gerar um frêmito temporário de excitação, por causa dos potenciais que se abrem para você e pela promessa de liberdade irrestrita, inevitavelmente chegará a hora em que se fará necessária uma fase de consolidação e fixação. A maioria das pessoas tem dificuldade de manejar a liberdade ilimitada sem perder a estabilidade.

Nos relacionamentos, você tem várias lições vitais a aprender. São elas a cooperação, o compromisso, a responsabilidade, a concessão e a tomada de decisões em conjunto. Você não pode querer dominar em todas as ocasiões, exigir que seu parceiro submeta-se à sua vontade, nem ceder a sua própria necessidade de liberdade quando dá tão pouca aos outros. Mudar seus padrões de comportamento em direção às qualidades mais positivas e criativas vai operar maravilhas, e seus relacionamentos se tornarão muito mais gratificantes para todos. O segredo de trabalhar com a energia Lua-Urano reside em buscar a transformação da sua vida presente, em vez de rejeitá-la por ser insatisfatória, querendo "jogar tudo para o alto" em nome de algo novo que o excite. Saiba em que áreas deseja mudar sua vida; avalie cuidadosamente suas necessidades, sonhos e desejos e veja se, ao transformar a vida atual, você será capaz de realizar a maioria deles sem destruir os alicerces existentes. Pense em como você poderia mudar algumas facetas para dar espaço a novos interesses, ou quais as atitudes que podem ser modificadas para renovar a vida e melhorar os seus relacionamentos. A maioria das pessoas deixa de tirar partido do potencial que tem ou recusa-se a mudar a elas mesmas e ao ambiente, de modo a criar uma vida mais agradável. A escolha é individual, mas aqueles que, como você, têm um traço de rebeldia, podem usar essa energia de modo positivo para mudar tudo o que não seja adequado. É necessário, então, que haja uma abordagem ativa e não passiva.

OPOSIÇÃO LUA-URANO

Os desafios que esta oposição tende a criar provavelmente vão concentrar-se na esfera dos seus relacionamentos mais íntimos. São eles que refletirão o choque mais direto entre o velho e o novo, entre os padrões familiares e o impulso pelo estímulo revitalizante do desconhecido. A sua vida interior muitas vezes lembra um campo de batalha, onde as forças dominantes lutam para controlar suas escolhas e sua expressão; é provável que você se sinta dividido ao meio em certas épocas de crise.

Na base de tudo existe uma tendência ao estresse de origem mental e emocional que brota dessa instabilidade emocional e dos problemas criados nos relacionamentos, provocados pela demonstração de imprevisíveis, embora freqüentes, mudanças de humor. O impacto da vibração uraniana que provoca mudanças bruscas na errática mutabilidade da afinidade da Lua com as emoções pode revolver ainda mais águas já revoltas, tornando-as mais perigosas. Se, então, você resolve liberar essa tensão nas pessoas que lhe são mais próximas — o que é um padrão comum de conduta —, os seus relacionamentos vão se tornar bastante turbulentos. Os outros se sentirão impossibilitados de depender de você, e isso, evidentemente, afetará a formação de relacionamentos duradouros.

A necessidade que você tem de variedade e novidades também pode causar problemas. Eles podem acontecer internamente, uma vez que você se entedia facilmente e perde o interesse pelo lar, pelo emprego, pelo casamento, pelos amores etc. e, em seguida, entra numa fase de frustração ao ver negada sua necessidade de estimulação. Para reduzir a tensão, é possível que você subitamente "se lance" a novas explorações, pondo abaixo todas as limitações e restrições. O resultado pode ser mudança de casa, de emprego ou abandono de uma carreira sólida para seguir outros rumos, e mesmo ter um caso amoroso ou separar-se do cônjuge. Para você, é difícil agüentar a responsabilidade e os compromissos nessas fases em que o impulso uraniano é muito forte e capaz de abrir uma brecha nos tradicionais padrões defensivos da Lua.

O que deve ser evitado é o acúmulo da repressão dessas energias, porque, se elas explodirem, o que vai predominar é sua destrutividade e não o propósito transformador. O primeiro passo é admitir essa pressão dentro de você, e em seguida aprender a liberá-la devagar, com controle consciente, por canais que sejam adequados ao desdobramento natural da sua vida. Se você aceitar esse impulso por novas experiências e interesses, é possível lidar devidamente com a tensão de uma forma socialmente aceitável. Assim, vai se desenvolver na sua vida um elemento constante de exploração (principalmente intelectual). É uma válvula de segurança essencial para um ajuste adequado e o bem-estar interior.

A compreensão desse aspecto da sua natureza vai ajudá-lo a escolher um parceiro adequado, alguém que aceite essa necessidade interior e que tenha a capacidade e a vontade de ceder, quando necessário, para que você encontre formas de liberar as tensões de forma segura. Qualquer avanço que você faça para integrar os seus planos emocional e mental num todo funcional renderá dividendos consideráveis. É possível explorar métodos psicoterapêuticos voltados para a unidade pessoal que proporcionem um potencial de desenvolvimento positivo. Suas tentativas de impor uma decisão emocional ou mais racional causarão atritos internos.

A sensação de instabilidade que você vivencia freqüentemente também se reflete no seu senso de identidade pessoal, e o resultado é a insegurança interna. Falta-lhe um centro sólido; você oscila entre a Lua e Urano, entre a emoção e a lógica, e não encontra um lar em parte alguma. Talvez seja proveitoso sentir suas emoções até onde for possível. Deixe que elas aflorem, sinta e compreenda sua intensidade, e não as pode intelectualmente quando se tornam desagradáveis, nem as rejeite por serem de alguma maneira inferiores e não fazerem parte da sua auto-imagem. Da mesma forma, o ideal seria que os interesses e atividade mentais tivessem uma dimensão de ressonância emocional, ajudando a aproximar os dois níveis. Como o seu sistema nervoso é muito sensível, tentativas como essa podem ajudá-lo a moderar e equilibrar o fluxo das energias combinadas, tornando mais fácil, então, a convivência com os outros, sem que se faça tão freqüente a incessante obsessão pela mudança.

Conjunção Mercúrio-Urano

Se os aspectos estão harmônicos, Urano tende a funcionar bem com Mercúrio, já que ambos estão associados à mente e ao intelecto, e é nesse nível que se manifestam sua influência e qualidades.

Provavelmente, você tem uma mente viva e brilhante que se beneficia muito ao expressar qualquer aspecto da vida humana e do conhecimento que desperta sua curiosidade. Provavelmente, você também é articulado e culto. Sua atitude é naturalmente questionadora e investigativa, sempre buscando aumentar a sua bagagem pessoal de conhecimentos e tentando adquirir um senso de conexão através da síntese das informações em padrões mais holísticos.

Sua forma imediata de reagir ao mundo é a exploração mental, mais do que a sensação emocional. O mundo é percebido como uma fonte inextinguível de fascínio, repleto de fatos, teorias e crenças estimulantes. Novos horizontes lhe acenam, e parece existir espaço para a investigação do incomum e das diferentes maneiras de se viver neste planeta multifacetado. Com tanta coisa para sondar, com tantos caminhos diferentes para percorrer, o seu problema é a escolha. Por onde começar? Seu medo é que, escolhendo a Rota 1, percam-se as fascinantes experiências da Rota 66. Aí está uma de suas fraquezas: não ter a disciplina da perseverança. Sua mente pode gostar de voar de um para outro assunto instigante que subitamente atraia a sua atenção. Torna-se necessário desenvolver uma continuidade interior, tanto para incrementar a capacidade de concentração como para fazer melhor proveito do seu talento para a aquisição de conhecimentos. Um dos seus desafios está em como aplicar o que você sabe à vida cotidiana. Ou será que ficará tudo armazenado no nível mental, sem nenhuma ligação com a vida real?

Você não é muito paciente com a ignorância, seja sua ou dos outros. Sente-se compelido a descobrir e não descansa enquanto não faz algum progresso. Vai acumulando mentalmente esses temas como "pequenos fascínios", os assuntos que excitam sua curiosidade, e no final acaba tomando atitudes para satisfazê-la. É possível que você seja um pouco intolerante com mentes menos investigativas e com pessoas evasivas e insinceras nos relacionamentos interpessoais. Sem dúvida, quem mais combina com você é um parceiro capaz de complementar suas pesquisas, de estimular a sua mente, pois é esse o seu nível essencial de contato. Você faz amigos entre os que têm interesse afins e, com o tempo, provavelmente desenvolverá um amplo leque de conhecimentos, à medida que forem se expandindo os seus próprios interesses ou as áreas de investigação. Por outro lado, você é capaz de abandonar os contatos mais antigos por causa do fascínio que sente por novos caminhos, o que o fará perder o interesse pelas antigas áreas de investigação.

Você prefere olhar para o futuro; é otimista em relação a novas descobertas, mesmo que esteja estudando o passado. Talvez seja preciso promover um equilíbrio entre a ênfase dada aos fatos e uma visão mais científica e racional com abordagens mais intuitivas e interpretativas da vida, entre os estilos de análise objetiva e subjetiva. A influência de Mercúrio pende para a primeira, enquanto Urano sugere uma atitude mais universal e intuitiva de conhecimento interior. A chave não é o que você sabe e sim como você usa esse conhecimento na vida.

SEXTIL MERCÚRIO-URANO

Tanto o sextil como o trígono refletem e dão continuidade aos temas associados à conjunção. Está presente a fluência de uma mente viva e intelectual, hábil no uso da palavra falada e escrita, capaz de mostrar a amplitude do seu conhecimento, embora às vezes você precise tomar cuidado com uma brilhante superficialidade, mas sem nenhuma profundidade.

Como para você o conhecimento é excitante e estimulante, vai gostar de expô-lo aos outros. Isso pode levá-lo a desenvolver carreiras como comunicador ou professor. Como é possível que você adquira uma verdadeira compreensão do que estuda, aí está uma forma viável de ajudar os outros a descobrir os prazeres da investigação autônoma. Cuide-se para não ficar preso a qualquer tipo de trabalho que limite sua liberdade mental; um confinamento desse tipo seria uma prisão para você, aumentando a tensão e a frustração interiores e causando um provável efeito negativo sobre sua saúde e seu humor.

Liberdade, para você, é essencial; é o que lhe confere vida e saúde. A seu ver é menos importante sentir-se livre no plano físico ou emocional, desde que a mente possa voar. Como a sua mente está em constante funcionamento, é preciso aprender a descontrair mais, encontrar formas de liberar qualquer acúmulo de pressão interior. A meditação pode ser de grande utilidade, principalmente aquelas modalidades em que se "entra no silêncio", acalmando e esvaziando a mente. As meditações ativas só irão deixá-lo mais agitado e estimulado, enquanto a postura passiva servirá para limpar e demonstrar como sua mente está operando de fato. Os primeiros dias de uma exploração pessoal desse tipo podem ser difíceis, porém o surgimento gradual de um centro silencioso e calmo pode ser de valor inestimável em sua vida, além de reduzir as chances de problemas posteriores do sistema nervoso.

Para que você se expresse plenamente, talvez seja preciso aprender a agir com mais disciplina de modo a assegurar que seus projetos sejam levados até o fim. Há sempre a tentação de ir atrás de algum novo objeto de fascínio, esquecendo um plano parcialmente acabado; e dessa maneira, você nunca atingirá seus objetivos. A sua vida pode ser uma dispersão de projetos não realizados; nesse caso, é mais prudente ordená-los e tornar transparentes os seus objetivos, além de encontrar uma seqüência para concretizá-los e seguir o plano até o fim. Embora muitas vezes você deteste olhar para trás, pode haver assuntos inacabados que devam ser solucionados. Até os pensadores progressistas precisam basear-se em alicerces assentados no passado; se os alicerces não forem firmes, não há a menor chance de uma estrutura ser erguida com segurança.

TRÍGONO URANO-MERCÚRIO

O aspecto de trígono tende a conferir as qualidades de criatividade e intuição com mais naturalidade do que o sextil e a conjunção. Há uma mudança sutil que passa da vontade de adquirir conhecimento como tendência predominante, à vontade de utilizar esse conhecimento em benefício próprio ou dos outros.

Você usa a mente para assentar um alicerce sólido para o trabalho futuro, com os interesses na investigação e pesquisa dirigidos para metas e propósitos claros. Sua orientação básica é humanitária; você prefere empregar seu talento e energia em áreas que, acredita, darão uma contribuição positiva ao progresso humano. Podem estar incluídos aí o trabalho científico, médico e o estudo da comunicação. Você sabe que não basta adquirir conhecimento, é preciso usá-lo para melhorar a qualidade de vida; todo o fascínio que você sente terá uma dimensão mais prática.

Você se interessa pelos mistérios da vida, pelo comportamento universal e humano, além de ter noção das energias sutis e intangíveis que animam a vida. Isso poderá evoluir para a exploração dos reinos do oculto, e se você escolher este caminho, provavelmente adquirirá uma compreensão pessoal de sua existência. Urano é capaz de proporcionar as centelhas de *insight* holístico que atravessam a mente analítica dicotômica e abrem para as dimensões de união. Você pode integrar a perspectiva espiritual ao mundo material mundano, promovendo a fertilização cruzada entre os dois planos e instaurando o seu próprio equilíbrio interior. Se escolher aventurar-se no caminho do oculto, o seu padrão mental básico de lógica e racionalidade (energia de Mercúrio) pode ser bastante útil na travessia das camadas ilusórias das formas de pensamento de crenças espúrias. Enfeitiçados pelo *glamour* dos exóticos e misteriosos mundos ocultos, muitos caem presas da ilusão e submetem-se inconscientemente aos mistérios e à autoridade do oculto. Deixam de empregar aos ensinamentos a mente lógica consciente, aceitando-os sem questioná-los seriamente, sem se esforçar para descobrir a verdade por conta própria. Sem dúvida, a mente racional não tem todas as respostas, e seu fracasso é patente no mundo de hoje, porém é preciso fazer uma ponte entre esse nível e a percepção mais universal e holística, propiciada por Urano, para que as duas esferas da mente trabalhem em conjunto de forma criativa e harmônica, a partir de uma perspectiva consciente mais ampla. Esta é uma das grandes tarefas da Era de Aquário, da qual todos nós devemos participar, de modo a integrar nossa própria vida.

QUADRATURA MERCÚRIO-URANO

A quadratura tem várias características semelhantes à oposição. Tanto em uma quanto na outra aparecem os padrões de pensamentos excêntricos, a superioridade intelectual, a síndrome do "eu sei tudo" e uma mutabilidade mental e emocional que pode confundir e provocar hostilidade.

A principal diferença da influência da quadratura é a predominância da atitude uraniana "rebelde", que condiciona a sua expressão social. A reação inicial à maioria das tradições sociais, bem como suas regras e crenças, é de oposição belicosa, mesmo que você esconda a maior parte dessa atividade em seus próprios pensamentos. Eis um "rebelde mental"!

Há pelo menos dois tipos de rebelde: aqueles que simplesmente se opõem, e os que se opõem, mas apresentam soluções radicais para os problemas sociais. Provavelmente você tende a ser do primeiro tipo, já que suas idéias muitas vezes são erráticas e sem praticidade no dia-a-dia. Você pode achar frustrante, mas enquanto não se entender melhor com a vida cotidiana, isso será inevitável. Parte do problema é sua incapacidade de submeter-se a regras sociais e formas aceitáveis de comportamento, ao lado de uma resistência inata à autoridade. Você não entende por que tem de viver de determinada maneira, agir e comportar-se de acordo com um código social de conduta, ou pensar dentro de parâmetros previsíveis e convencionais. Sua noção de liberdade é suficiente para saber que a vida não precisa ser da forma como lhe disseram seus pais, professores, patrões, políticos e religiosos. Então você se marginaliza.

O afastamento da sociedade pode variar em grau, porém esteja atento para que não seja apenas uma tendência negativa, mas possua também a criatividade positiva da mudança social. Caso contrário, ele não vai passar de pose, imagem, auto-indulgência, principalmente durante a juventude.

Responsabilidade e compromisso são duas características que você precisa desenvolver. Talvez tenha que entender que a única pessoa responsável por você é você mesmo! A responsabilidade por suas escolhas e atos cabe a você, a ninguém mais, e é uma tola negação do poder pessoal fingir o contrário ou tentar culpar a sociedade ou o outro pelas repercussões das suas opções. É a sua vida, e são as suas opções que determinarão o sucesso ou o fracasso, o prazer ou o sofrimento.

A necessidade de auto-afirmação e diferenciação muitas vezes faz com que você rejeite bons conselhos sem ao menos pensar neles seriamente. Sem dúvida, você precisa ouvir mais os outros, porque, em geral, há no que dizem algo que lhe seja proveitoso. O autocentrismo deixa-o cego e surdo para muitas coisas da vida e sua insistência obstinada em ter razão pode levar a dificuldades que podem frustrar até mesmo os seus próprios objetivos.

Basicamente, você está em busca de uma liberdade pessoal. Liberdade de viver em um mundo que lhe sirva, e eis aí o problema. Como passar de um mundo restritivo para a libertação? Uma das maneiras é transferir o fluxo de energia que se opõe "ao que está lá fora" e voltá-lo para dentro, de modo que possa vivenciar plenamente as contradições da sua natureza, aceitá-las e tentar resolvê-las ou reequilibrá-las. As técnicas das escolas humanistas de psicoterapia e visualização criativa podem ser úteis nesse ato de recriação. O rebelde social precisa passar por uma revolução interior. Talvez seja bastante difícil, porém tem a possibilidade de redirecionar as energias que estão causando problemas nos seus relacionamentos e, ao mesmo tempo, interferindo na sua capacidade de aproveitar a vida. Transformar o negativo em positivo deve ser a sua meta. Você pode criar um mundo melhor para viver, se houver empenho na transformação desse conflito interno. Você é inteligente e talentoso o suficiente para usar o potencial que tem para construir um mundo mais livre (por meio dos relacionamentos, de mudanças de empregos etc.), onde as suas escolhas resultem em melhorias positivas e mais opções de prazer. Ficar frustrado e hostilizar o mundo é perda de tempo e energia. Determine que tipo de vida você quer ter e em seguida descubra como fazê-lo; isso vai absorver o seu tempo, sua energia e sua dedicação para um caminho potencialmente criativo e o futuro benefício de si mesmo e dos outros. Exteriorize o seu sonho de uma nova vida!

OPOSIÇÃO MERCÚRIO-URANO

Essa posição provavelmente vai levá-lo a vivenciar conflitos nos relacionamentos sociais. A área problemática é a forma de expressar-se com os outros e nas atitudes internas que condicionam esse tipo de comunicação.

Embora você tenha considerável vitalidade mental, a dificuldade é direcioná-la para canais produtivos. A tendência da atividade interior é a inconstância; a natureza de suas crenças, dos seus ideais e padrões de pensamento é mutável, e a atração por novos estímulos muitas vezes faz com que você deixe seus projetos atuais por terminar. O desafio do novo redireciona a sua energia e os seus interesses, e dessa maneira seus compromissos e responsabilidades podem parecer restritivos.

Apesar desse padrão mental errático, sua tendência é impor a validade de qualquer coisa que diga ou pense, mesmo que pouco antes você defendesse com veemência uma atitude, idéia ou crença inteiramente oposta. É evidente que isso pode provocar um conflito interpessoal, já que a maioria das pessoas prefere lidar com gente extremamente estável e coerente, a base da confiança e da permanência. Entretanto, se alguém o desafiar, repetindo as afirmações que você fez e agora contradiz, a sua tendência é se ofender, muitas vezes alegando que jamais tenha dito tal coisa. Em essência, a sua reação é negar todas as suas expressões anteriores, recusando-se a assumir a responsabilidade por elas. Depois de conhecerem essa faceta da sua natureza, muitas pessoas começarão a evitar o relacionamento com você, que se mostra indigno de confiança e de crédito. De uma forma peculiar, esse fato reforça uma tendência sua a se ver como "único e incompreendido", o que muitas vezes é usado para justificar a não obediência às normas sociais. Em circunstância nenhuma você admite estar errado. Parece que ao projetar a crença de que "sabe tudo", provavelmente tem mais êxito em iludir a si mesmo do que em persuadir os outros da superioridade do seu conhecimento.

71

Por baixo dessas formas negativas de expressão está uma personalidade que vivencia confusão e insegurança internas, porém tenta esconder esse fato atrás de uma imagem superficial de superioridade intelectual. Provavelmente existe imaturidade e falta de naturalidade no nível emocional da sua natureza; ou talvez você não tenha facilidade em atingir os outros com a cordialidade de sua personalidade. Essa falta de sensibilidade e reação ao aspecto "de sentimento" mais intangível do contato humano muitas vezes leva a uma expressão rude, onde o seu desprezo pela diplomacia pode ter conseqüências negativas.

Como resolver ou atenuar essas dificuldades em seus relacionamentos? O primeiro passo importante é reconhecer que elas existem e admitir que muitas vezes você age assim. O fato de negar isso a si mesmo não significa que os outros não o vejam claramente. É bastante comum os outros enxergarem essas áreas problemáticas e a própria pessoa praticamente ficar cega a elas. São ilusões pessoais. Estar disposto a trabalhar com os outros, aprender a transigir e participar em termos de igualdade intelectual ajudará a atenuar essas tendências à oposição. O que você deveria tentar desenvolver é um novo senso de independência pessoal fundamentado no seu eu verdadeiro, e não no eu assertivo que projeta socialmente e que pode despertar reações adversas. Isso significa aceitar a sua vulnerabilidade interna, desfazer sua peculiar estrutura egoísta e dar um fim às tentativas de impressionar os outros. Interrompendo esse processo, você pode começar a encontrar o seu centro, solucionar determinados conflitos e redirecionar o fluxo da energia do aspecto para uma renovação pessoal. Sem dúvida, essa agitação interior errática poderia ser mais harmonizada e ajustada, reduzindo, assim, o acúmulo de tensão nervosa que tanto sofrimento lhe causa.

Conjunção Vênus-Urano

Os aspectos entre Vênus e Urano enfatizam as áreas dos relacionamentos sociais e íntimos, e o foco da energia está voltado para a exploração do mundo exterior através de uma personalidade extrovertida.

As influências predominantes são o impulso para a excitação, a atração pelo desconhecido e a sede de ricas experiências de vida. Você não é introvertido; sua principal preocupação é assegurar que a vida seja "interessante" e ocupar-se de um grande número de interesses e explorações, de forma que não sobre espaço nem tempo para a investigação interior.

A influência uraniana é a mais forte da dupla, e sua vibração agitadora provoca inquietação interna, que você tenta liberar na atividade social e na interação com os amigos. Entretanto, o desenvolvimento da sua individualidade criativa, artística e não convencional pode levar a problemas de adaptação à tendência social majoritária. Desse modo, você reage contra um emprego cujas tarefas sejam corriqueiras e repetitivas, ou recusa-se a sentir-se preso a atitudes, crenças e estilos de vida sociais e tradicionais.

Insiste em ser livre para ser como é, para agir como lhe agrada. Às vezes, isso pode refletir uma atitude imatura, quase adolescente, que pode ser muito autocentrada e carecer da real percepção dos outros. Além disso, a definição que faz de si mesmo é incoerente e vinculada aos interesses do momento. Isso cria a aparência de imprevisibilidade e falta de continuidade, que muitas vezes é vista como falta de responsabilidade e compromisso.

Há conseqüências nos seus relacionamentos íntimos: você pode ter dificuldade em manter parcerias duradouras, seja porque seus relacionamentos acabam por falta de interesse, ou porque há muitos desejos internos e conflitos que desencadeiam confrontos emocionais turbulentos e extenuantes. Eles podem surgir devido à sua insistência em fazer as coisas a seu modo, o que vai entrar em choque com a visão, as necessidades e os desejos do parceiro. Você dá importância a sua necessidade de liberdade, e por isso tende a resistir a qualquer tentativa de assumir um compromisso sério. Suas emoções talvez só sejam tocadas superficialmente, raras vezes existindo um vínculo pleno com o outro, o que também pode levar a períodos de promiscuidade na busca de novas e variadas experiências. Romances súbitos são bastante possíveis, os quais também satisfazem o desejo de excitação e até de perigo em que você pode se expressar com liberdade maior do que antes. Sem dúvida a sua vida amorosa será instável, à semelhança do fluxo do seu impulso sexual, o que confunde os outros. Seu desprezo pelas formas tradicionais de relacionamento pode levá-lo a muitos caminhos diferentes; isso, somado ao fascínio que o incomum exerce sobre você, pode transformar a sua vida numa trama multicolorida, onde algumas cores se combinam e outras destoam.

Sextil Vênus-Urano

O sextil e o trígono Vênus-Urano são aspectos mais fáceis de se lidar, pois ambos são mais adaptáveis socialmente. Isso acontece porque os contatos entre esses planetas são mais difusos, o que parece diminuir a influência dominadora de Urano e permitir que características de Vênus emerjam com mais proeminência e consigam absorver a energia irregular de Urano. As energias se harmonizam com mais facilidade, e o impacto de Urano passa a ser um enriquecimento vitalizador de novos horizontes a serem explorados.

Você tem consciência social; isso lhe permite ter relacionamentos satisfatórios, cujos efeitos são criativos e benéficos para todos. É tolerante nas atitudes, e sua capacidade de compreensão solidária muitas vezes atrai as confidências de pessoas que às vezes o procuram para aconselhamento pessoal. Sua atitude natural de aceitação é um fator de cura nesses relacionamentos, e o domínio que você tem dos desafios da vida pode revelar formas potenciais de resolver seus conflitos ocultos. A diplomacia também é fácil para você. Não se trata de uma diplomacia manipuladora e sim de um enfoque que reflete a sua natural honestidade e sinceridade para com os outros, podendo até ser usada para resolver controvérsias.

O seu propósito é melhorar a qualidade da vida, e suas preocupações sociais refletem o impulso futurista de Urano. Mesmo que você só consiga implantar a harmonia no seu meio ambiente mais próximo, já se trata de um êxito coerente aos impulsos de Vênus-Urano, pois você sabe que os oásis de harmonia ajudam a construir um mundo melhor para todos. Você não reluta em ceder porque reconhece que é um passo positivo para unir as pessoas e não uma negação da sua individualidade, como outros aspectos de Vênus-Urano tendem a projetar. O espírito de conciliação alia-se ao desenvolvimento da consciência grupal aquariana que usa a energia da boa vontade e, se for corretamente aplicada, vai liberar o potencial individual em vez de coibir seu surgimento.

Nos relacionamentos íntimos, você privilegia a liberdade emocional, mas, para garanti-la, você tem menos propensão a atingir o ponto de crise que destrói os relacionamentos, graças às suas outras qualidades positivas. Sua tendência é trabalhar a parceria para desenvolver a confiança mútua e interdependência com olhos voltados para a liberdade e a criatividade pessoal de ambos, transformando, assim, o relacionamento num processo de crescimento. Para você, os relacionamentos têm uma dimensão não convencional, e em geral o seu estilo de vida se situa no limite entre a média da sociedade tradicional e os grupos mais iconoclastas, artísticos e futuristas. Como Jano, você percebe os dois lados, a mescla (em harmonia e conflito) do velho e do novo. Se a tarefa é construir uma ponte sobre essa linha divisória, é para ela que você se sente atraído.

TRÍGONO VÊNUS-URANO

A expressão do trígono guarda várias semelhanças com a do sextil, e de um modo geral permite que as duas energias planetárias operem bem em conjunto.

A esfera da vida social tem considerável importância para você, tanto pela necessidade pessoal de contato com os outros, quanto pelo prazer que ela lhe traz. Embora você crie sua própria individualidade e um estilo próprio, sua atitude é "comunitária"; seu ideal é viver de uma forma que ao mesmo tempo satisfaça as suas necessidades e tenha um efeito benéfico sobre o mundo. Seus valores pessoais baseiam-se numa perspectiva social, e suas preocupações abrangem o mundo. Como cidadão do planeta, sente-se atraído pelos grupos que também têm essa postura, de modo que, através de apoio pessoal ou financeiro, você possa contribuir para a criação de um mundo melhor.

A capacidade de manter relações positivas com as pessoas pode ser usada num trabalho que o faça entrar em contato mais amplo com o público, seja através do ensino ou algum tipo de comunicação. Possivelmente o seu talento se expressará por meio de criações artísticas ou da música, que representem o seu senso venusiano de harmonia e beleza.

Nas parcerias íntimas, você tem facilidade para demonstrar os sentimentos, que são mais coerentes do que no caso do aspecto da conjunção. Com esses aspectos Vênus-Urano, contudo, existe uma tendência a ser afetuoso e simpático com a maioria das pessoas; é uma espécie de amor difuso, mais universal que individual. Isso pode causar um certo desconforto e confusão num parceiro que não se convença da especificidade do seu amor.

QUADRATURA VÊNUS-URANO

Com os aspectos de quadratura, a pessoa tem tendência a "tomar o partido" de um dos planetas, rejeitando e projetando parcialmente as características do outro planeta em outras pessoas. É provável que a energia mais dominadora de Urano seja a condicionadora, em detrimento da natureza sensível de Vênus.

Isso aparece na sua insistência em ser emocionalmente livre, na relutância em comprometer-se num único relacionamento e compartilhar as responsabilidades daí decorrentes. Parte dessa cautela deriva da consciência que você tem de uma atitude basicamente promíscua (exercida ou não) e do fascínio, muitas vezes compulsivo, que o arrasta nas ondas de romances súbitos e intensos. Uma curiosidade inata torna sedutoras, para você, as pessoas que parecem misteriosas, cuja vida tem alguma coisa diferente e cujos segredos você quer descobrir e explorar. Isso nem sempre leva a situações favoráveis, muitas vezes criando-lhe problemas adicionais. Mesmo assim, não é possível resistir ao apelo da excitação. Uma vez desvendando um segredo em particular, pode ser que o seu interesse decline rapidamente e você se considere livre para o próximo fascínio que aparecer.

Socialmente, você é atuante, busca as novidades, as pessoas novas, novos interesses, e é particularmente atraído pelos grupos não convencionais ou artísticos. Sua reação às convenções e tradições sociais é natural, e muitas vezes as nega de uma forma bastante irreverente. Tende a encarar o estilo de vida socialmente aceitável da maioria como algo a ser evitado a qualquer custo, e tem pouca consideração por pessoas que vivem dessa forma. A seu ver, submeter-se ao consenso social é negar a individualidade, e acha importante promover sua imagem diferente. Às vezes você se rebela apenas por rebelar-se, para respaldar uma imagem menos madura que quer mostrar. Raramente analisa sua postura antitradicional em termos claros e intelectuais, ou a exprime como uma reação ponderada a certos aspectos da sociedade; sua reação é mais instintiva.

Você tem dificuldade para manter os relacionamentos íntimos, mesmo quando está interessado, porque uma parte sua se esquiva de aceitar e dar amor. O amor não o deixa à vontade; você teme que ele possa coibir sua liberdade, e até certo ponto tende a reprimir suas emoções. Em casos extremos, as emoções chegam a ser rígidas devido à inibição e ao medo de admiti-las e liberá-las. Muitas vezes você vivencia seus romances ou relacionamentos da maneira mais superficial possível, o que lhe permite borboletear até a próxima parada temporária. A perseverança não é o seu ponto mais forte; quando surgem situações em que a autodisciplina é necessária para atingir as metas pessoais ou conservar um relacionamento numa fase difícil, muitas vezes você demonstra descompromisso e prefere a excitação do desconhecido. Você é emocionalmente instável e, com o sentimento de irritação inquieta a esse nível, vai tentar ignorar a presença do outro até onde for possível, elegendo a excitação física e a curiosidade mental como metas primordiais. Com o tempo, como Urano distorce a natureza sentimental, começarão a se formar sentimentos deturpados como uma espécie de compensação interna desvirtuada para a repressão emocional. O que pode levar a um comportamento sexual inusual e variado, e ao desejo de experimentar.

Sob vários aspectos, é provável que você precise resgatar o sentimento venusiano em sua natureza. Essas emoções necessitam ser liberadas; precisam de liberdade para respirar e circular adequadamente em você. É necessário senti-las, deixar que penetrem nos recônditos de seu íntimo em vez de impedi-las de aflorar. Caso contrário, com o tempo elas começarão a envenená-lo e a afetar seus relacionamentos de forma negativa, fazendo com que nenhum deles seja realmente satisfatório. É essencial estar disposto a tornar-se vulnerável nos relacionamentos; sair ferido é um risco a assumir, porém o resultado pode ser o amadurecimento e mais compreensão das qualidades transformadoras e curadoras que a intimidade pode oferecer.

OPOSIÇÃO VÊNUS-URANO

Tanto na oposição quanto na quadratura a influência mais forte da energia de Urano prevalece sobre o estilo mais solto, harmonioso e social de Vênus. Aparecem atitudes rebeldes e não convencionais, e, com o aspecto de oposição, você tem necessidade de afirmar sua individualidade própria e única, mesmo que isso provoque a discórdia com os outros.

Com freqüência, você é transtornado pela insegurança emocional e instabilidade dos seus sentimentos em relação aos outros. Nos relacionamentos íntimos, isso aparece como oscilações que vão da paixão tórrida ao gélido desinteresse. Você mesmo fica perplexo, e o parceiro evidentemente se confunde, principalmente num compromisso mais profundo. Você não tem certeza do que fazer, e o parceiro fica em dúvida quanto aos seus verdadeiros sentimentos.

Seus desejos podem ser extremamente fortes e exigir satisfação, e a intensidade dessa energia pode levá-lo a explorar formas de vida não convencionais. Uma certa impulsividade e imprudência o atraem para experiências potencialmente perigosas, e suas escolhas de relacionamentos muitas vezes, criam futuros problemas.

O estilo não convencional e uma natureza basicamente amistosa atraem amigos, mas você não tem um senso linear de ligação e compromisso. O apelo de guiar-se por suas próprias idéias pode ser forte demais para que as amizades se mantenham; algumas ficam pelo caminho na sua constante marcha à frente.

Na maior parte das vezes, você tem a tendência a ficar na oposição, voltando-se contra a autoridade e as pessoas que personificam a estrutura social tradicional. Rebelde por natureza, questiona os alicerces da sociedade, põe em dúvida sua eficácia e provavelmente apóia as causas dos oprimidos e dos que ficam em desvantagem devido às atitudes políticas predominantes.

Várias de suas características podem ser usadas positivamente, como a vontade forte e a determinação, a aceitação da responsabilidade intelectual (às vezes subvertida pela instabilidade emocional). O bom uso vai depender da sua capacidade de ter claros os seus objetivos e de conservar um compromisso emocional o tempo suficiente para que seus esforços para atingir esses objetivos sejam alimentados.

É provável que você tenha de aprender a ser mais transigente e coerente, em especial nos relacionamentos íntimos, invocando com mais intensidade a energia de Vênus. Se você prestar atenção e considerar os efeitos de suas escolhas na vida, perceberá que a experiência lhe ensinará tudo que precisa saber, a despeito de causar impactos muitas vezes dolorosos. Como rebelde, você pode aprender muito sobre as fronteiras menos divulgadas da vida, tornando-se consciente dos altos e baixos que as pessoas são capazes de vivenciar e agüentar. Isso vai enriquecê-lo e contribuir para seu amadurecimento. No fim, você terá muita coisa valiosa para dividir com os outros.

CONJUNÇÃO MARTE-URANO

Esta conjunção confere uma energia dinâmica e pujante que você tenta direcionar para conquistar o que deseja. Pode surgir um problema devido ao fluxo freqüentemente irregular dessa energia volátil, dificultando a uniformidade de seu emprego. É como se o tempo todo ela fosse ligada e desligada internamente por uma mão desconhecida. É a instabilidade imprevisível da vibração uraniana interferindo no impulso de Marte.

Mesmo assim, o poder que você é capaz de liberar é bastante considerável, mas talvez seja preciso aprender a aplicá-lo de modo a gerar o máximo benefício, levando em conta esse padrão irregular e organizando-se de acordo com ele. Quando essa energia estiver fluindo livremente, você se sentirá altamente carregado, e sob a influência dela (ou "inebriamento") estará sujeito a uma grande impulsividade. É possível que tome atitudes sem a devida reflexão ou consideração, e no futuro a escolha impensada lhe cause dificuldades. Falta de sensibilidade em relação aos outros e diminuição do bom senso podem ocorrer e você vai procurar formas de liberar essa súbita pressão que cresce rapidamente em seu íntimo. Em casos extremos, a expressão pode ocorrer sob a forma de explosões de mau gênio e raiva diante de qualquer provocação, chegando à violência física; é comum a tentativa de liberar a energia por meio de violência emocional e verbal contra o parceiro.

Seu desejo é conservar a maior independência possível; você não é pessoa de curvar-se ante uma autoridade. Basicamente, é anti-instituições, rebelde por natureza, um anarquista. Atribui suma importância a sua vontade e seus desejos, seguindo um código de conduta totalmente pessoal, determinado pela sua perspectiva de vida autocentrada. Você tende a insistir no direito de ser livre para seguir seu caminho e suas ambições, e em decorrência dessa atitude pode ter problemas de relacionamento. É necessário aprender o valor da cooperação para modificar essa tendência.

A sua busca de excitação se dá principalmente em termos de ações físicas, através dos esportes competitivos ou da conquista sexual. Você tem muita necessidade de "alimentar" esse impulso por meio da ação no plano físico/material, o que está ligado à necessidade que sente de provar que de alguma forma é melhor que os outros.

Em alguns casos, o espírito de rebeldia pode encontrar canais adequados de vazão na oposição ao sistema, porém operando num referencial socialmente aceito, como tentar mudar a sociedade de dentro para fora. Pode-se argumentar que essa é a maneira mais eficaz de promover mudanças construtivas, como porta-voz de um grupo social minoritário ou em desvantagem. Não importa como você expressa essa tendência, sempre vai procurar fazer com que seu impacto produza resultados no mundo físico. Pode ser que você não tenha muita paciência com as regras sociais e prefira desconsiderá-las; mas, à parte as penalidades que a contravenção possa acarretar, talvez você tenha que aprender a arte da submissão aparente para criar uma base em que possa trabalhar à sua maneira única e subversiva.

Provavelmente descobrirá que sua eficácia aumentará se conseguir controlar a energia interna e direcioná-la para canais de expressão criativa predeterminados. O fato de aclarar suas metas pessoais e sociais concorrerá para esse processo. A cuidadosa avaliação das opções e dos objetivos conduzirá a escolhas mais sábias nas épocas de atividade; a transformação gradual do autocentrismo em consciência dos direitos e sentimentos dos outros é um grande passo a ser dado por você. Aprender a trocar idéias e trabalhar em cooperação criará condições para o pleno uso dos talentos e da sua vigorosa energia, trazendo-o de volta à sociedade como um revolucionário positivo, e não como um reacionário negativo.

SEXTIL MARTE-URANO

Com o sextil e o trígono, evidenciam-se os usos mais positivos da energia de Marte-Urano, através de atividades que visam o bem social. Embora intelectualmente você desafie os padrões instituídos de pensamento e conduta social que, no seu entender, coíbem a liberdade individual, sua pretensão é suscitar raciocínios que ofereçam novos horizontes a serem explorados. Todos os rumos e os avanços da humanidade tiveram início com alguém que questionou o estado de coisas vigente e enxergou novas alternativas.

Você tem uma natureza inquieta e curiosa, e encontra um canal afetivo de vazão na pesquisa aplicada e no estudo de qualquer área de investigação que o atraia. Ao contrário do intelectual diletante, você prefere aprofundar-se o suficiente para adquirir a autêntica compreensão de qualquer assunto, o que também pode lhe permitir pensar com mais independência e originalidade. É possível que suas percepções lhe possibilitem dar contribuições significativas ao tema em estudo. Você prefere que suas investigações tenham uma dimensão futurista, satisfazendo, assim, o impulso uraniano e propiciando uma oportunidade de beneficiar também os outros.

Mesmo sendo capaz de concentrar-se em algo determinado, você também amplia sua exploração a uma grande variedade de interesses e tópicos. Em certas épocas, pode ser que passe rapidamente de uma para outra esfera diferente de conhecimento, mas acabará se concentrando em uma área em particular. Talvez para você seja um pouco difícil ter perseverança e empregar sua energia com regularidade na busca de suas metas. Às vezes ocorre súbita diminuição de interesse e energia, interrompendo o avanço. Quando a energia voltar a fluir, talvez você esteja interessado em outra coisa — é a influência irregular de Urano.

Para você, comunicação é importante. Pode haver atração por alguma forma de ensino, seja pela satisfação de compartilhar o que sabe com os outros, seja pela oportunidade de exprimir suas opiniões, que provavelmente serão radicais e não convencionais. Porém, você confia suficientemente nos seus conhecimentos intelectuais e se sente preparado para argumentar com os opositores. Discutir idéias o fascina, e você gosta desses embates vistos como confrontos intelectuais, onde sua energia marciana mais agressiva pode ser usada. Sua abordagem é baseada em estratégia e habilidade, e nem nas discussões amigáveis você gosta de ser intelectualmente derrotado. Sente prazer em instigar as divergências e postular conceitos e idéias perturbadores que vão contra o *status quo*, tanto em termos sociais quanto individuais.

Nos relacionamentos, você precisa de um forte vínculo intelectual e físico. Um de seus pontos fracos pode estar na desconsideração e na falta de compreensão das emoções. Estas são muitas vezes preteridas na sua escala de prioridades, cujas dimensões mais sutis são ignoradas em proveito de paixões emocionais/físicas mais fundamentais e dos interesses da mente. Você repudia as restrições nos relacionamentos íntimos; pode ser que predomine o autocentrismo, provocando problemas no futuro. Entretanto, você tende a se empenhar para levar a cabo as decisões que toma, e por isso o casamento pode modificar essas tendências, desde que o parceiro seja forte a ponto de incentivá-lo a transformar os comportamentos egoístas em benefício da harmonia mútua.

Trígono Marte-Urano

Com o trígono, deve haver também uma conciliação entre as energias de Marte-Urano que poderão funcionar bem em conjunto. Em vários aspectos há semelhança com o sextil, embora seja menor a ênfase no plano da mente como fator dominante. Uma grande quantidade de interesses e áreas de conhecimento atraem a sua atenção; o que você exige é liberdade suficiente para explorá-las todas. Com base nos resultados dos seus estudos e nas habilidades desenvolvidas, você será atraído pelas formas de criatividade que demonstrem a sua capacidade de auto-expressão. Ser criativo é importante para você; uma vez interessado, o seu problema será escolher uma entre as muitas idéias que lhe pareçam atraentes. A essa altura a disciplina pode ser necessária para que, ao escolher um projeto criativo, você o leve até o fim, antes de passar para outros.

A independência parece ser uma necessidade; sua natureza impaciente e inquieta muitas vezes faz com que você logo se canse dos relacionamentos íntimos e fechados. Você precisa de um raio de ação maior e o estímulo de pessoas que lhe apresentem horizontes mais amplos. Participar de grupos pode ajudar a satisfazer essa necessidade, além de dar um foco à sua energia. Você tem potencial para liderar esses grupos, mas, se o fizer, talvez constate que a sua independência diminuirá e que os deveres e responsabilidades serão pesados. As rotinas organizacionais e a previsibilidade limitam sua liberdade — coisa que você detesta. Vida e emprego rotineiros não lhe servem. Você pode aspirar a uma mobilidade maior e à variedade de atividades, criando um estilo de vida que satisfaça e não frustre as suas necessidades. Caso contrário, as tensões crescerão, podendo resultar em doenças psicossomáticas.

Se você der vazão ao seu espírito criativo e levar uma vida menos comum, verá que os relacionamentos não convencionais são mais adequados e liberadores. Um casamento tradicional pode ser restritivo, pois em geral ele pressupõe um estilo de vida também tradicional. Sob pressão social para se adaptarem, muitas vezes as pessoas constatam que são forçadas a viver de forma antagônica às suas necessidades e aos seus desejos naturais como indivíduos em evolução. O não conformismo, em geral, é punido; opor-se a essas pressões e levar uma vida condizente com o que se quer vai exigir uma personalidade forte. A maioria das sociedades privilegia o "cinza" previsível da população, e não acolhe de bom grado a riqueza multicolorida, mais difícil de controlar.

QUADRATURA MARTE-URANO

Esta quadratura será sentida como tensão interior: você se sente dilacerado entre a busca uraniana da liberdade e a profunda necessidade de certeza e segurança. É o choque entre os padrões familiares do conhecido e o apelo do potencial do desconhecido. Esse quadro será sentido como medo do compromisso e do risco. Embora você queira maior liberdade e a possibilidade de criar um contexto em que possa ser mais como é, é provável que você resista ao impulso. Ao analisar as opções que tem, vai preferir jogar no certo, já que não pode — como gostaria — ter todas as garantias de que suas escolhas resultarão em futuros sucessos. A provável frustração interna decorrente disso pode provocar estresse, pois uma parte de sua natureza está sendo negada e reprimida.

Você está sujeito a experimentar um certo grau de desconforto emocional na medida em que teme expressar plenamente as emoções e até mesmo dar o devido reconhecimento à sua natureza emocional. Na raiz dessa dificuldade está o medo de deixar para trás alguma coisa: você tenta evitar, a todo custo, qualquer perda emocional ou material. Talvez a causa disso sejam experiências de perda na infância que o afetaram profundamente ou o desenvolvimento de um padrão que o levou a uma forte identificação com pessoas ou posses, a ponto de, se forem retirados da sua vida, restar a sensação de estar perdendo uma parte de si mesmo.

Devido à necessidade de manter a vida sob rígido controle, você tenta afastar completamente o acaso e o imprevisto; nesse sentido, aceita a energia mais enraizante de Marte e nega, ao mesmo tempo, a energia perturbadora, mas potencialmente libertadora, de Urano. Você usa a energia de Marte para a conservação, assegurando a proteção dos seus recursos por meio da organização prudente e cautelosa. Sua intenção é aplicar-se diligentemente aos objetivos, mesmo quando sabe que, por não correr riscos, levará mais tempo para atingi-los. O problema é que, por várias razões, muitas vezes você não efetiva a sua intenção, talvez porque o impaciente Urano embaralhe as tentativas de agir com persistência. Ou o seu interesse desaparece quando você chega ao ponto em que é preciso tomar uma atitude decisiva mais arriscada. Se para caminhar mil léguas é preciso dar o primeiro passo, talvez você prefira ficar onde está com a segurança já conquistada.

Contudo, pode ser que descubra que está disposto a permitir que o impulso uraniano tenha livre curso em sua vida. De início, isso pode ser o resultado de uma fase de negação, em que alguma circunstância externa, fora do seu controle, o tenha lançado num período de confusão e turbulência. A repetição de padrões ou o súbito colapso de um casamento podem fazer com que Urano entre em ação e rompa o dique. Sem dúvida, nem tudo na sua vida está impedido de expressar-se; é preciso aceitar e integrar esse lado da quadratura. Existe a possibilidade de, ao mesmo tempo que mantém um relativo controle, você começar a abrir novos horizontes, explorar outros interesses, expandir e liberar a concepção limitadora que tem da sua natureza e da vida. Existe aí um alicerce sólido, onde você pode construir com eficiência. Para concretizar suas ambições e desejos pessoais, será preciso correr algum risco em algum momento. Se você não se empenhar em concretizá-los, é provável que nunca tenha êxito, porque o foco e o fluxo da sua energia serão demasiadamente difusos e dispersos para gerar o impulso necessário. É preciso canalizar essa força de vontade errática para uma direção regular e estável. Se você conseguir acabar com essa frustrante tensão interior, ficará surpreso em ver como essa energia pode ser eficazmente empregada para atingir suas metas, em vez de provocar tanto desacordo interno. Seus relacionamentos pessoais também vão melhorar quando o estresse começar a se desfazer e você sentir que um grande peso foi tirado de seus ombros. Liberar a energia enclausurada e potencialmente violenta pode significar a aurora de uma nova era de criativo enriquecimento pessoal. Para se livrar das restrições desse aspecto de quadratura, você precisa abrir-se para as inseguranças e os riscos da vida. A escolha é sua.

Oposição Marte-Urano

As energias geradas pelo aspecto de oposição muitas vezes são projetadas no mundo exterior, e isso é válido para a poderosa energia liberada por esse aspecto Marte-Urano. Se ela se expressar mediante uma consciência mais integrada, segura da direção a seguir, o impacto pode ser considerável. Se a manifestação acontecer através de uma personalidade menos integrada, poderá criar reais problemas na vida.

Aqui, outra vez, é muito forte a tendência revolucionária; você tem uma antipatia natural pelas tradições e pelos padrões estáticos dos estilos de vida socialmente aceitáveis.

Você é rebelde nas suas atitudes, iconoclasta no questionamento do *status quo* e crítico aos que ocupam posições de responsabilidade e poder social. A hipocrisia dos "líderes" o incomoda em especial — sua forma de denunciá-la pode ser sarcástica. Na verdade, você deve ter criado um conjunto de princípios e ideais pessoais bastante elevados e é a partir deles que percebe o mundo.

Em geral você espera pouco das "pessoas comuns", pois reconhece suas fraquezas, porém exige padrões mais altos dos líderes sociais. Sente-se atraído pelos conceitos de justiça social, igualdade e mudança, o que pode levá-lo a associar-se a grupos políticos revolucionários ou reacionários. Dependendo da tendência geral do seu mapa, o seu radicalismo pode voltar-se para uma recriação de padrões já existentes ou para a criação de novos, mais compatíveis com as necessidades e realidades futuras. Contudo, o impulso uraniano é voltado para o futuro, o que irá encaminhá-lo para os grupos mais altruístas, liberais e humanitários.

Sua personalidade pode ser muito assertiva, até mesmo agressiva e combativa. Você se vê como alguém que luta contra o que quer que possa discordar, seja uma simples guerra travada interiormente ou a oposição às instituições sociais que lhe desagradam. Para você, o conflito é estimulante e, mesmo que não demonstre isso abertamente, você gosta de competir para vencer e dominar. Isso lembra as características de Escorpião, que se refletem nesse aspecto com a ligação Marte-Escorpião e a exaltação de Urano em Escorpião. A assertividade pode ser expressada de maneira extrovertida, seja com estridência ou tranqüilidade, pelo poder de uma forte presença pessoal.

Você gosta de debates e discussões; neste caso, o estímulo das idéias, crenças e atitudes pode ser enriquecedor. É freqüente você fazer o papel de advogado do diabo no terreno das idéias, pelo simples prazer de ver faíscas no ar; porém, se o assunto falar de perto ao seu coração, emerge um lado mais apaixonado e comprometido, mas determinado a "vencer" o debate.

A princípio você se opõe a qualquer restrição às liberdades individuais, embora, na prática e por reflexão, tenda a impor "limites" visando razões sociais mais válidas. Suas principais investidas são no sentido de ampliar as liberdades pessoais e criar o máximo possível de variedade e amplitude de experiências e oportunidades na vida. Quando a disciplina lhe é imposta e o aprisiona numa rotina estultificante, você se insurge; entretanto, para atingir seus próprios objetivos é capaz de ter muita motivação e autodisciplina.

Para você, a liberdade é extremamente importante, é a chave do desenvolvimento da sua singularidade. Acha necessário fazer as coisas a seu modo, o que pode causar problemas caso você se mostre muito egoísta nessa exigência. Diante de uma negativa, você se frustra emocionalmente; a frustração se transforma numa espécie de tensão física contida que, em casos extremos, pode redundar em violência. Tendências ao autoritarismo, à arrogância e à obstinação excessiva podem provocar atritos nas relações sociais e íntimas. Se o seu estilo de vida se tornar restritivo, isso também pode provocar explosões de súbita irritação e discussões descabidas para liberar as pressões internas.

Apesar de você se ver como um solitário que segue um caminho pessoal, por trás de tudo esconde-se sob uma máscara a falta de autoconfiança, à moda de Escorpião. Você insiste em encontrar e traçar seu próprio caminho na vida, buscando o seu "dharma" (a própria verdade), como uma mula teimosa. Aprende com as experiências difíceis da vida e, na verdade, tende a aceitar e acolher com prazer a intensidade e os desafios. Muitas vezes sentirá vontade de se livrar dos grilhões do passado, desprender-se da velha pele como uma cobra e derrubar as pontes para ter liberdade de seguir em direção ao futuro brilhante. Aparentemente você sabe o que faz, é otimista, mas, na verdade, trata-se da excitação da crença na sua própria capacidade de êxito, para cruzar abismos desafiadores. É preciso unificar a sua vontade e aclarar os desejos para que tudo funcione mais em harmonia.

Potencialmente, se esse aspecto for bem empregado — ou seja, se você reabsorver todas as projeções negativas para transformá-las — poderá proporcionar uma capacidade "mágica" de atingir com sucesso suas metas. O "inimigo" não está simplesmente "lá fora"; você precisa usar a tensão para a autotransformação, para equilibrar a relação entre você e a sociedade, de modo que o seu espírito revolucionário se manifeste como um agente da espiral evolucionária do progresso humano.

CONJUNÇÃO JÚPITER-URANO

As características expansionistas de Júpiter costumam formar uma boa combinação com a orientação futurista de Urano, dando à personalidade uma perspectiva otimista e positiva. Você tem tendência a acreditar que sempre existe "alguma coisa boa" à sua espera na próxima esquina, tem fé em que o seu futuro será recompensador. De certa forma, essa postura pode dar origem às profecias autocumpridoras; a atitude mental positiva atrai os seus sonhos, permitindo que eles se manifestem com maior desembaraço.

Provavelmente surgirão oportunidades súbitas ou surpreendentes na sua vida que vão lhe proporcionar possibilidades de desenvolvimento e expansão. Novos horizontes se abrem na esfera pessoal através de conhecidos e familiares, e na esfera educacional, por meio de estudos avançados, ou nos empreendimentos financeiros e comerciais. Talvez você precise se preparar para tirar partido dessas oportunidades, já que às vezes elas surgem sem que você tenha feito nenhum esforço consciente para criar novas formas de expressão.

A exploração do conhecimento humano tem um grande apelo para você. Dotada de ávida curiosidade, acredita que o conhecimento que adquire aumenta a liberdade mental e o interesse, dá mais poder pessoal e enriquece grandemente a vida.

Muitas vezes você traça um programa pessoal para aprofundar-se no estudo de uma área específica. O que tem em mente é que, ao adquirir uma habilidade, vai poder usar a informação como base e trampolim para lançar algum tipo de projeto que lhe possibilite explorar seu próprio potencial. Você gosta de criar opções e alternativas para seguir, se quiser, e muitas vezes formula uma diversidade de possíveis planos e projetos. O problema pode estar na capacidade ou na disposição de realmente concretizá-los. Às vezes uma mente fértil gira em torno de uma grande quantidade de idéias atraentes, mas não desenvolve nenhuma delas. Talvez seja necessária uma disciplina mais incisiva e direcionada.

É provável que na sua busca de expansão e crescimento você se associe a pessoas e grupos mais progressistas, que visem a mudança social. Novas idéias políticas e estilos alternativos de vida social serão uma atração, principalmente porque você tem propensão a se voltar contra a ordem social tradicional instituída. Sua perspectiva é reformista, não excessivamente radical ou revolucionária, mas ainda assim mais futurista que a da maioria. Como pensador independente, você defende os novos horizontes da vida e, ao lançar essas sementes, pode ajudar a enriquecer a vida dos outros, estimulando-os para que se libertem dos padrões restritivos e estacionários. Você acolhe com prazer o novo e o desconhecido; sente pouco medo quando começam a soprar os ventos da mudança e está pronto para aceitar sua influência liberadora.

SEXTIL JÚPITER-URANO

O sextil e o trígono continuam a desenvolver os temas refletidos pelo aspecto da conjunção. A direção natural dessas energias combinadas é a expansão progressista.

O sextil confere uma necessidade mais clara de comunicar-se com os outros. A ênfase no desenvolvimento do nível mental e do intelecto, com base no sempre crescente acúmulo de informação e conhecimento, fornece o canal de vazão para a circulação da energia na sua vida. A curiosidade entusiasmada e a capacidade de absorver informações estarão presentes, embora seja preciso empregar mais energia para ter êxito no desenvolvimento de suas idéias de maneira clara e eficaz.

Às vezes, no impulso de se lançar para a frente e para o alto, a sua impaciência pode causar problemas, fazendo com que você salte alguma etapa essencial. Talvez você deva se preparar um pouco mais devagar, usando a capacidade de planejar com lógica e racionalidade de modo que possa evitar erros desnecessários. É como segurar as rédeas de um cavalo que ameaça disparar. A expansão irrestrita e descontrolada pode, evidentemente, criar problemas pessoais e sociais, e talvez seja preciso manejar com firmeza essa tendência de Júpiter e Urano a fim de obter a eficiência máxima. O ideal é ter um enfoque capaz de utilizar os alicerces do passado como bases para se erguer o impulso futuro por meio da influência mediadora do presente. Derrubar pontes e negar o passado e o presente é como construir em areia movediça; as questões ocultas e não resolvidas podem fazer ruir o novo edifício. Sua meta deve ser uma fusão integrada.

O ensino seria um canal de expressão através do qual as suas percepções e atitudes positivas e otimistas mostrariam aos outros a perspectiva de um futuro mais brilhante. Isso ajudaria a eliminar possíveis tendências a ficar excessivamente absorto e enredado em suas buscas mentais. Você acredita que para tudo existe resposta e que todos os obstáculos podem ser superados. É nessa característica da humanidade que reside a esperança do futuro; a busca de respostas é o impulso evolucionário em ação. Mesmo que crie descontentamento e agitação internos, leva-nos a progredir no padrão espiralado da vida, rumo a percepções e intuições mais holísticas e elevadas.

TRÍGONO JÚPITER-URANO

O trígono representa um alinhamento relativamente fácil e fluente entre essas duas energias, mais uma vez fazendo-se patente a orientação para o futuro. A princípio, pode ser que você use mais seus talentos inatos em benefício próprio; mais tarde, contudo, o foco da sua expressão externa vai abranger também formas de melhorar a qualidade de vida dos outros. Essa tendência pode manifestar-se em áreas da vida como a educação, a política ou a religião.

Provavelmente você vai querer participar de grupos que tenham uma perspectiva de vida parecida com a sua. Em geral são grupos altruístas, liberais, humanistas e radicais, basicamente preocupados com a qualidade de vida e a melhoria das relações sociais e da gestão planetária dos recursos e da ecologia. Reflete-se aí o idealismo de Urano, ao lado da crença de que a futura expansão da humanidade precisa nortear-se por determinadas linhas de conduta claramente definidas, entre elas a consciência superior, a correção nos relacionamentos e a responsabilidade individual e coletiva.

Como está presente em você a capacidade de trabalhar bem em conjunto — a menos que prevaleçam a excentricidade e o individualismo de Urano —, existe potencial para agir como impulsionador desses empreendimentos grupais. Você tem autoconfiança e acredita nas suas próprias capacidades, que podem se tornar maiores graças às oportunidades inesperadas que praticamente "se oferecem" a você, desde que esteja atento quando isto acontecer. Olhando em retrospecto, talvez você tenha a impressão de que seguiu uma trilha que era o seu "destino", um caminho que se abriu à sua frente em ocasiões críticas e que tem em si um sabor de inevitabilidade.

Você tende a acreditar que os outros poderiam ser mais autônomos e, se quisessem, fariam muito mais de suas vidas e seus talentos. É bem possível que isso seja verdade, mas em geral a vida cotidiana não representa um incentivo natural para esse tipo de desenvolvimento pessoal e liberdade de escolha; para muitos, as opções são bastante limitadas, principalmente por fatores econômicos. Embora aparentemente você tenha sucesso com relativa facilidade, pode haver uma tarefa à sua espera, na medida em que pode ajudar outras pessoas a desenvolver seus dons e talentos latentes. Essa será uma forma de dar mais realidade à sua crença. Detesta que restrinjam a sua liberdade e reage contra qualquer pessoa ou situação que se torne inibidora ou estacionária. Você precisa de relacionamentos que lhe proporcionem uma dose aceitável de espaço pessoal.

QUADRATURA JÚPITER-URANO

É provável que exista um conflito entre a necessidade de ser externamente bem-sucedido e a luta interior para liberar tensões e transcender as limitações. A dificuldade deriva, em parte, da irregularidade do fluxo das suas energias, que torna difícil a geração de impulso e persistência. Você acha que deveria ser um sucesso e se ressente toda vez que é preciso avançar devagar na direção escolhida. Preparar-se de modo adequado não é exatamente a sua abordagem preferida, mas a falta de uma boa base poderá destruir o seu sucesso futuro.

Sua vida precisa ter mais clareza. Há em você uma indefinição generalizada que torna difícil reunir energia e propósito. Você não tem certeza de suas reais motivações, dos seus desejos e necessidades, e nem um sistema coeso de crenças que lhe sirva de centro temporário. O que sente, de fato, é uma tensão frustrante que restringe suas escolhas e opções. Muitas vezes dá alguns passos à frente manifestando uma intenção, faz alguns planos preliminares e depois volta atrás, talvez temendo fracasso ou porque uma nova idéia, subitamente, monopoliza a sua atenção. O desafio é ser autodisciplinado e levar a cabo efetivamente as suas intenções. Entretanto, às vezes você pode ser impulsivo, lançando-se nas coisas sem refletir muito, e então se dá conta de que criou um novo problema ou se colocou numa situação insustentável. Muita energia é desperdiçada dessa maneira, sem que você tenha uma noção verdadeira do que realmente quer fazer.

A energia para ser bem-sucedida está presente, mas travada ou anulada por falta de direção. A frustração permanecerá até você liberar a tensão através da vontade canalizada, terminando um projeto por vez. Fazer a auto-avaliação de seus sonhos e desejos vai ajudar, porque se eles estiverem mais nítidos, você será capaz de determinar o caminho necessário para a realização. Talvez seja preciso moderar as tendências ao excesso de idealismo e falta de praticidade; pode ser, também, que você tenha de trabalhar em estreita cooperação com outras pessoas, para que a disciplina e a concentração de ambas as partes o ajudem a manter-se na linha, através do senso de obrigação e responsabilidade para com o grupo. A questão é que você precisa mudar a sua forma de agir para ter sucesso.

OPOSIÇÃO JÚPITER-URANO

A maioria dos desafios que a pessoa com este aspecto provavelmente enfrentará gira em torno das crenças pessoais e de sua expressão, e também dos seus relacionamentos.

É provável que você tenha uma mente brilhante, ágil, intelectual, e uma autoconfiança que pode ser expressada com entusiasmo e energia. Com o tempo, você vai acumular uma vasta bagagem de conhecimentos, que poderá usar nas suas tentativas de ser bem-sucedido e criativo. O que provavelmente impedirá os bons resultados desse seu patrimônio natural é a influência da oposição uraniana, que basicamente distorce a expressão externa.

É nas áreas do discernimento e da sensibilidade que você poderá encontrar dificuldades. Com as tendências expansionistas tanto de Júpiter quanto de Urano, pode facilmente passar a um excessivo entusiasmo pelas idéias, pelos projetos de negócios e pelas crenças não convencionais. Isso, juntamente com a tendência à inconstância e à agitação, pode levá-lo a envolver-se em empreendimentos comerciais altamente especulativos, onde a sua obsessão pela idéia projetada vai sobrepujar qualquer análise real e racional da viabilidade financeira. Muitas vezes, o seu apego às idéias dá uma guinada no sentido de cobri-las com elementos de fantasia e imaginação, e elas perdem sua utilidade real no dia-a-dia; esse também é um fator de distorção.

Provavelmente estará presente um certo conflito com as crenças e atitudes sociais tradicionais e instituídas; você pode envolver-se com política extremista ou com crenças espirituais e religiosas menos comuns. Elas terão um considerável significado pessoal, e você se sentirá impelido a expô-las aos outros. Muitas vezes, apesar da sua sagacidade, você chega a ser simplista, por vezes até ingênuo. Se uma crença tiver ressonância naquele ponto interior da imaginação, você é capaz de aceitá-la sem muito questionamento, porque na verdade o que busca é uma sensação de centro e segurança que o sistema de crenças parece proporcionar.

Talvez seja preciso tomar cuidado com a ânsia de converter os outros a crenças que, embora sejam autênticas para você, podem não convir a todos. A oposição serve para reforçar a defesa, a qualquer preço, daquilo em que você acredita; é como se ela, muitas vezes, confirmasse as suas crenças. A forte autoconfiança pode dar origem a uma prepotência excessiva na forma de você se expressar. A sua relação com os outros demonstra muitas vezes falta de tato e sensibilidade para com os sentimentos e habilidades alheios. Nem todos têm a mesma capacidade que você de se concentrar tanto na conquista dos objetivos; muitos vacilam, ficam em cima do muro e não escolhem um lado ou outro. Além disso, as pessoas precisam de experiências de vida diversas das suas; há diferentes desafios para pessoas diferentes, e pode ser que cada uma esteja seguindo o próprio caminho, tanto quanto você segue o seu.

No fim, pode ser que a ação de Urano faça com que você se revolte contra qualquer conjunto de crenças a que esteja vinculado. Pelo menos durante algum tempo, talvez você tenha de ficar sozinho e desvinculado da segurança das crenças; isso pode acontecer em resultado de uma decepção ou do desmoronamento da sua fé numa crença específica. Entretanto, tal fato pode ser liberador, pois, ao passar por uma fase de trevas interiores, a sua luz poderá ser percebida e contatada, permitindo que daí em diante você viva com mais liberdade e em sintonia com o seu próprio padrão de vida. A identificação com sistemas de crenças externos pode restringir sua personalidade, agindo em detrimento dela.

CONJUNÇÃO SATURNO-URANO

Neste século, o aspecto de conjunção formou-se em 1942 e 1988. Ele proporciona a possibilidade de um equilíbrio real entre esses dois planetas antagônicos. À parte as pessoas nascidas sob este aspecto, a energia liberada na mente coletiva nessas ocasiões pode ajudar na interação entre as forças da ordem e do caos, instaurando o equilíbrio entre os opostos e abrindo espaço para o nascimento de algo novo.

Para a pessoa com este aspecto, está presente a capacidade de unir as idéias e aplicá-las na prática, de enraizar e firmar as idéias uranianas, às vezes ligeiramente intangíveis e efêmeras, transferindo-as do plano mental para a existência material. Você deve aproveitar seus recursos e talentos pessoais, expressando-os eficazmente através da organização eficiente. O fluxo da energia uraniana vai parecer mais coerente e confiável, e você será capaz de ser persistente e concentrar sua vontade para atingir os objetivos. Muitas vezes você sente prazer em envolver-se em situações em que é preciso criar a ordem a partir do caos. Embora isso possa parecer saturniano por natureza, Urano não é caótico em si; ele destrói unicamente para criar as condições para uma ordem maior.

Você pode atuar como uma "ponte", restaurando cuidadosamente o equilíbrio entre ordem e mudança e reintegrando tudo a uma nova estrutura que é um aperfeiçoamento da anterior. Na vida moderna, com tantas mudanças acontecendo tão rapidamente, seu papel pode ser de suma importância, se utilizar as duas características planetárias de forma positiva. Você entende o passado com simpatia, assim como os valores e as atitudes da estabilidade conservadora, mas também intui e valoriza a necessidade de mudança e evolução das estruturas sociais, das organizações e do desenvolvimento individual. Você tenta juntar os fios, unindo o que vale a pena reter do passado com as idéias do próximo passo. Ao fazê-lo, trabalha tanto com as faculdades intelectuais como com as intuitivas, e assim reflete o próximo estágio do desenvolvimento humano rumo à consciência da unidade.

Provavelmente você prefira uma forma de expressão que envolva uma contribuição social além da mera participação na sociedade; gostaria de sentir que exerce alguma influência para melhorar as coisas e que a sua preocupação não visa unicamente o proveito pessoal. Essa necessidade muitas vezes pode dar um senso de direção à sua vida e absorver as duas energias planetárias. Se você começar a sentir que necessita conter pressões internas de algum tipo, talvez por falta de canais de vazão, é um sinal de que não está expressando fluentemente as duas energias. Examine o seu estilo de vida e veja qual das energias está sendo reprimida. Na maioria das vezes é a de Urano, já que a de Saturno, de ordem e disciplina, freqüentemente se expressa através do condicionamento social. Contribuem para liberar a energia bloqueada o aumento da espontaneidade, a experimentação, a exploração de novos interesses. Isso vai ajudar a estimular as mudanças necessárias e pôr abaixo qualquer padrão estático de vida que esteja se tornando inibidor. Se a energia de Saturno estiver reprimida, o que ajuda é ter mais autodisciplina, mais compromisso e perseverança para atingir os objetivos. Se o estilo de vida não estiver controlado, o excesso de liberdade também poderá levar à perda do centro pessoal e da estabilidade, fazendo com que você se sinta perdido e inseguro a respeito do que fazer ou em que direção seguir. Faça emergir as qualidades saturnianas da determinação de limites e estrutura para que a sua vida e natureza íntima voltem a tomar uma forma nítida, criando uma base estável a partir da qual operar.

Sextil Saturno-Urano

A atração de Urano pelas idéias encontra expressão fluente neste aspecto, onde está presente a capacidade de usar toda informação e todo conhecimento adquirido através da educação e da experiência. Você sente prazer com o estímulo mental e as atividades intelectuais e preza muito o desenvolvimento humano da mente, atribuindo-lhe importância ainda maior se houver aplicações práticas possíveis. Talvez haja uma certa diminuição da expressão emocional, pois você tenta sobrepujar as necessidades desse plano, talvez querendo ser racional e lógico nos relacionamentos. Pode-se fazer necessário um reequilíbrio para prevenir a repressão emocional e os bloqueios de energia.

Provavelmente o seu modo de agir é pesquisar e coligir toda a informação de que precisa, seja para um projeto prático, seja para se informar e poder formar uma opinião pessoal sobre um determinado tópico. Você acredita que as decisões não devem se basear na ignorância nem na reação emocional, e assim procura adquirir conhecimento suficiente para ensejar a liberdade de decisão e de escolha. Isso faz parte da eficiência e organização gerais de que você se orgulha e que, juntamente com a autoconfiança e a capacidade de se afirmar, lhe permite fazer pleno uso de seus talentos naturais.

Como acontece com a conjunção, é provável que se sinta capaz de contribuir para o trabalho em grupo, com pessoas com quem tem afinidade mental e que percebem o mundo de forma semelhante. Está presente em você a capacidade de atuar como uma ponte, estabelecendo um canal de comunicação entre os que refletem os padrões instituídos de pensamento e atitude e os que lutam para elucidar e expressar o significado da ordem do novo mundo emergente. Sabendo valorizar as idéias progressistas e sentindo-se atraído por elas, mas também reconhecendo o valor do velho e a necessidade de uma certa estabilidade dentro da mudança, você será capaz de combinar eficazmente os dois enfoques para criar uma base viável que vai servir de fundamento a um desenvolvimento duradouro. Por seus próprios méritos, você poderá contribuir para o nascimento do novo, agindo como um canal para as idéias originais e inspiradas às quais conseguirá dar um alicerce, já que pode lidar com elas em termos práticos e usar o bom senso para saber quanto, de fato, será obtido agora. Você reconhece que algumas idéias inspiradas podem ser alicerçadas agora, enquanto outras exigem mudanças consideráveis nas pessoas e na sociedade, para que possam vingar. Sabendo disso, prefere trabalhar unicamente com aquelas que têm chance de ser concretizadas agora, sabendo que, tendo êxito com elas, estará criando um alicerce sólido sobre o qual as futuras idéias transformadoras mais tarde irão se materializar.

TRÍGONO SATURNO-URANO

O aspecto de trígono pode proporcionar um bom equilíbrio operacional entre essas duas energias, conciliando com êxito suas naturezas opostas. As qualidades mais positivas de Saturno, aliadas às menos extremistas de Urano, estarão em evidência, atuando através da expressão da sua personalidade.

Como acontece com os aspectos de conjunção e sextil, o trígono capacita você a firmar e materializar o impulso uraniano, de forma que as energias fluam com facilidade e desenvoltura por seu intermédio, sem que você crie nenhum bloqueio desnecessário. Trabalhando a partir da capacidade de Saturno de autodisciplina, habilidades práticas e organização, você pode tirar o máximo proveito das idéias inspiradoras de Urano e concretizá-las neste plano material. Entretanto, você não se deslumbra com o materialismo, e grande parte do seu verdadeiro interesse vem da natureza das idéias em si; a capacidade de concretizá-las em algum grau é simplesmente o coroamento do processo. São essas idéias e sonhos futuristas que se apoderam da sua imaginação, dando-lhe forma, definição e direção.

Você é capaz de aprender prontamente com as experiências da vida; prefere não perder tempo com a repetição de experiências semelhantes por não perceber as lições implícitas que elas encerram. O tempo é curto, e você prefere fazer melhor uso dos seus talentos e recursos naturais para si mesmo e também para os outros, se tiver oportunidade. Graças a sua capacidade de solucionar a oposição Saturno-Urano, você tem o potencial para se tornar uma inspiração para as pessoas, em especial os jovens, pela maneira como concretiza suas intenções e leva a cabo o processo da criatividade. Grande parte da experiência humana gira em torno dos conflitos inerentes a essa polaridade dualista, e você pode tornar-se um exemplo dessa possibilidade de conciliação. A sua vida demonstra a fusão dos impulsos do velho e do novo, o processo criativo, a dicotomia matéria-espírito. Nem sempre será fácil, porém você poderá realizar esse potencial na sua vida e provar aos outros que é uma meta exeqüível. Este é outro aspecto do "papel e função de ponte" necessário atualmente nesta fase de transição, quando é essencial unificar os impulsos planetários.

QUADRATURA SATURNO-URANO

O principal tema desta quadratura é o provável predomínio das qualidades de Saturno e a repressão das de Urano; a expressão da personalidade fica restringida pelo fato de corresponder ao ponto de vista de Saturno sobre a vida.

Isso se apresenta na preferência pelo que é familiar e conhecido, seja na pronta aceitação das convenções sociais (que, na sua fase reacionária, muitas vezes têm raízes numa percepção saudosista do "retorno aos anos dourados"), seja no desejo de ter uma vida pessoal controlada e previsível, num ambiente estável. A identidade pessoal encontra seu foco dentro de parâmetros rigidamente definidos, com limitações auto-impostas de liberdade de escolha e de ação, sob o invólucro de conceitos, emoções e atos físicos permissíveis. Isso é, em grande parte, uma proteção contra a verdadeira insegurança da vida, própria de uma personalidade temerosa de se descontrair totalmente e intrinsecamente insegura.

Podem surgir dificuldades na vida quando, ao tentar solucionar os problemas, as atitudes costumeiras não servirem. Muitas vezes você acha profundamente perturbadora a necessidade de mudar e tem um medo intuitivo de que, se permitir a ocorrência do processo, sua vida vá desmoronar. Quando precisa tomar decisões sobre situações novas, você vai achar difícil fazer uma escolha definitiva, a menos que encontre uma maneira de fazê-lo que reforce suas atuais atitudes e preferências; se a escolha envolver um novo rumo, você fica apreensivo e tenta encontrar uma forma de voltar aos velhos padrões familiares.

Nessas tentativas de impor um controle à vida, você pode ser excessivamente ditatorial e autoritário nos seus relacionamentos, talvez por insistir na correção do seu ponto de vista ou querer que tudo seja feito de uma determinada forma, sem desvios. A sua vida pode tornar-se muito previsível e fortemente padronizada, confinando-o a uma experiência de vida circunscrita. Isso pode definir a sua identidade, proporcionando uma maneira de escapar da sensação de insegurança e falta de confiança; mas também irá impedi-lo de tirar proveito de muitas oportunidades na vida. Muitas vezes você almeja *status* social ou aprovação para obter a granjeada sensação de auto-estima. Negar a vibração uraniana da mudança pode causar problemas de adaptação e tensões internas, principalmente devido à luta subjacente entre a sua afinidade com os padrões tradicionais e a atração e o medo de algo novo sendo liberado na sua vida. Saturno representa a extremidade mais inflexível da quadratura, e se você começar a reagir a Urano (ou se um trânsito estimular a sua atividade), esses padrões inibidores começarão a se desgastar e ser destruídos. Uma parte de você — um aspecto reprimido — secretamente adoraria libertar-se de todos os laços confinadores, tornar-se não convencional e liberado; se as pressões crescerem muito, surgirão tentativas de se livrar dos grilhões auto-impostos, só para liberar a tensão. Uma atividade dessas pode acabar com casamentos e carreiras, e o resultado final é o colapso dos padrões vigentes, sem que haja nenhuma compreensão verdadeira de como implantar um estilo de vida mais conveniente; é comum a sensação de vazio interior e desnorteamento. A transformação contínua é o procedimento mais sensato, pois as transições ocorrem com menos atropelo e a pessoa é capaz de ajustar-se lentamente ao novo caminho de uma forma mais harmônica, integrando com êxito e facilidade as novas tendências em surgimento.

Mesmo dentro desses limites saturnianos, a subcorrente uraniana está agindo. A operação da sua mente — onde você se concentra para controlar a vida — é mais inconsistente e contraditória do que você imagina. Os outros provavelmente percebem isso, mas, fiel à sua lógica e racionalidade, você se insurge contra qualquer um que tente lhe mostrar esse fato. Entretanto, no fundo da sua mente assomam idéias, pensamentos, desejos e emoções mais excêntricos que raramente são admitidos por você. Às vezes, a tensão provocada por essas facetas reprimidas vai torná-lo suscetível nos relacionamentos, e os outros o tratarão de modo que possa evitar "apertar os botões" que estimulam algumas de suas áreas que você prefere não explorar. Para que haja saúde, essas áreas precisam ser trazidas à luz, de modo que as pressões e as energias sejam liberadas e você possa integrar as partes do seu ser. Caso não queira, é provável que em algum momento da vida Urano resolva se vingar e varrer do mapa todos os fingimentos, padrões e estilo de vida controlado, forçando-o a encarar o seu eu negado e querer mudar.

OPOSIÇÃO SATURNO-URANO

Com a oposição, você tende a projetar externamente as tensões internas através de suas relações sociais e íntimas. As tensões surgem do choque interno entre os padrões de energia de Saturno e Urano; esses padrões continuarão operantes enquanto você não conseguir solucionar as causas do atrito interior, através da transformação da relação Saturno-Urano.

Você vai se sentir dilacerado entre duas direções polarizadas: passado-futuro, ordem-caos, ortodoxo-não ortodoxo, estabilidade-mudança. Para você, torna-se difícil tomar decisões sobre os rumos da vida; sua tendência é escolher um dos pólos com a exclusão do outro, provocando algum grau de repressão das qualidades planetárias ignoradas. Pode surgir também, como conseqüência, uma aresta ríspida na sua personalidade em conseqüência da tentativa de manter um centro interno fixo diante da outra atração planetária interior. Você prefere ficar no controle, mas expressa essa preferência de tal forma que, para os outros, pode parecer uma abordagem excessivamente agressiva.

É possível que estejam ausentes os relacionamentos descontraídos, talvez por causa da sua atitude competitiva e da vontade de tornar-se pessoalmente importante e socialmente investido de autoridade. É de se duvidar que você tenha muitos amigos íntimos, devido à atitude de exclusivismo e distanciamento que assume.

Uma área capaz de criar conflitos é a falta de abertura aos outros, além da atitude de dono da verdade; isso pode bloquear a ocorrência de qualquer relacionamento verdadeiro, e muitas vezes gera antagonismo, pois as pessoas vão procurar oportunidades de "humilhar" você. Aprender a ouvir mais o que os outros têm a dizer é uma das lições que deve ser assimilada; há algo de valioso na comunicação com todas as pessoas, porque a sabedoria do todo se reflete em cada um, e as vias que a orientação e as mensagens podem percorrer são infinitamente variadas. Se você não estiver aberto para o mundo, irá perdê-lo, simplesmente porque gira em círculos no seu próprio mundo limitado. A vida pode ser muito enriquecida se for compartilhada com os outros em termos igualitários. A cooperação e a concessão fluirão por esse ajuste na sua atitude para com os outros, quando você se livrar dessa concha egocêntrica e restritiva.

É provável que as energias uranianas se expressem menos que as de Saturno e, portanto, seja necessário proceder a um reequilíbrio para libertar essa influência planetária. Ela pode ser liberada através da criatividade pessoal e se você se permitir ser mais livre e menos rigidamente limitado. Para isso, talvez seja necessário desfazer auto-imagens limitadoras e conceder intimamente liberdade aos outros, para que você não exija que se encaixem na imagem que faz deles. Com freqüência, você tenta conduzir a vida dos outros, principalmente na esfera mais pessoal dos relacionamentos, porque desse modo acha que pode controlar a vida. Agindo dessa maneira, os resultados simplesmente vão impedir uma vida vibrante.

As características uranianas também surgirão se você se envolver com grupos voltados para a reforma social; questionando o sistema, poderá liberar esse aspecto da sua natureza de uma maneira ativa. Mas tome cuidado para não pender para o lado de Urano, que provoca a perda de consciência dos valores essenciais de Saturno na vida. A sua meta deve ser uma forma de criar um equilíbrio exeqüível entre essas energias, dentro de sua própria natureza e nos relacionamentos, para que os aspectos positivos de cada um possam brilhar.

Conjunção Netuno-Urano

O aspecto de conjunção ocorre bem raramente; o último foi por volta de 1821-1823, e o atual é 1992-1994, admitindo-se uma órbita de dois graus. Os aspectos envolvendo os planetas transpessoais enfocam mais as dimensões geracionais e sociais da vida, onde as atitudes e experiências da pessoa estão intimamente associadas a mudanças sociais.

Ninguém que esteja vivo atualmente tem esse aspecto, mas a geração que nasceu no começo desta década de 90 exibirá essas características quando amadurecer. Haverá alto grau de identificação com a mente coletiva e com a consciência grupal, que em alguns casos poderá retroceder à forma de fervorosas afinidades nacionalistas em países com fortes estruturas controladoras, sejam elas religiosas, raciais, políticas ou sociais. Contudo, é pouco provável que isso resulte no surgimento de demagogos carismáticos, como em recentes exemplos de manipulação das massas.

Estará presente uma noção norteadora de responsabilidade social e consciência de uma participação na comunidade, que se expressará de formas positivas para o bem de todos. As energias combinadas dessa conjunção inspirarão conceitos de fraternidade que refletem os ideais de Urano e Netuno, como uma espécie de misticismo revolucionário resultante da aguda sensibilidade emocional e mental, associada a uma faculdade imaginativa-intuitiva.

As liberdades e os direitos individuais serão altamente prioritários, e será criada uma nova percepção de "liderança", capaz de desfazer os velhos padrões do líder todo-poderoso com centenas de "ovelhas" seguidoras. Haverá uma desconfiança dos líderes, baseada na percepção intuitiva de suas verdadeiras motivações e características, e que também evoluirá para uma nova compreensão da autoridade e poder na sociedade. As pessoas nascidas com esse aspecto estarão dispostas a "lutar" pela manutenção das liberdades e direitos individuais se virem-se ameaçadas pelas decisões dos líderes sociais. Um novo equilíbrio de poder entre povo e Estado começará a se formar, e deve emergir uma nova política que reflita o aumento dos direitos e do poder das pessoas. Em geral, este deve ser um período de desenvolvimento espiritual e científico, com avanços na exploração da natureza e da mente. Como esses planetas fazem conjunção em 1992-1994, uma época que está vendo o nascimento de uma geração que se tornará socialmente influente no período em que Plutão estiver em Aquário, e Peixes no fim daquele ciclo em trânsito, espera-se que surjam sinais que apontem o novo mundo que essa nova geração herdará. As mudanças inevitáveis até 1994 precisarão ser consumadas e concretizadas mais plenamente por essa geração imbuída de um espírito mais consciente de unidade e solidariedade humanas.

SEXTIL NETUNO-URANO

A maioria das características do aspecto Netuno-Urano envolvem o elemento de desconfiança nos líderes, nas organizações e nas elites do poder. As pessoas nascidas com o aspecto de sextil tendem a se opor ao segredo das instituições e à sonegação de informações ao povo e aos eleitores. Consideram a manipulação de informações uma distorção deliberada e iníqua da verdade, o que não deveria ser permitido pelos líderes. Essas pessoas apóiam as causas de "liberdade de informações", acreditando que o Estado deve servir o povo, e não o contrário.

Está presente uma atitude anti-instituições, juntamente com a oposição à autonomia do Estado, onde o indivíduo é massacrado pelo peso da burocracia estatal. Existe uma necessidade de reafirmar o poder individual e a liberdade em relação à interferência do Estado; atitudes como essas muitas vezes vão de encontro às imposições autoritárias. A atração pela revolução social e pela mudança na natureza do controle do Estado pode gerar uma filosofia revolucionária que defenda o direito do povo de ter poder em sua própria sociedade.

Prevalecerá a crença otimista nas pessoas e em seu potencial; alguns podem considerá-la demasiado ingênua e idealista, mas ela se fundamenta no direito de poder escolher por si mesmo e de determinar o próprio estilo de vida sem a inibição das repressões sociais (desde que não prejudique os outros). A concepção é de uma sociedade voltada para o desenvolvimento e a realização pessoais, por meio da criatividade e da singularidade de cada um, em contraposição à outra, que condiciona as pessoas ao cumprimento incondicional de papéis econômicos e à obediência às convenções sociais.

Em essência, essa concepção afirma o direito à autodeterminação ao invés de seguir submissa e cegamente a orientação de líderes que, muitas vezes, obtêm seus cargos unicamente por dinheiro ou por herança. Está presente a atração pela participação ativa na tomada de decisões sociais, principalmente de formas que visam o avanço dos ideais de fraternidade, que têm um forte apelo mental e emocional para as pessoas com este aspecto.

TRÍGONO NETUNO-URANO

O aspecto de trígono formou-se aproximadamente de 1941 a 1946, e aparece nos mapas natais da geração nascida durante a Segunda Guerra. Isso tende a condicionar a maneira como essa geração percebe a vida e as pessoas, que algumas vezes pende para o pessimismo e o cinismo, principalmente para os nascidos nos primeiros anos do trígono, quando a guerra estava no auge e seu resultado ainda era incerto.

Por trás de tudo persiste o idealismo desses planetas, porém com uma fé pessoal insuficiente em sua manifestação concreta, juntamente com uma ambigüidade em relação ao papel pessoal e à responsabilidade de cada um na sociedade. Pode estar presente a tendência a estabelecer metas pessoais sem levar em conta as necessidades e obrigações sociais, privilegiando o oportunismo e as ambições. Porém isso também pode ser uma fonte de desenvolvimento pessoal, e talvez ainda seja cedo para se ter certeza sobre a maneira como essas pessoas usarão o poder e influência sociais que possam ter conquistado.

Como o trígono é um fator de reconciliação, essa geração pode ser vista como um "grupo de ligação", onde coexistem as tendências do futuro e do passado, com provável desconforto ocasional. Essas pessoas cresceram num mundo em rápida mudança, enquanto o condicionamento da infância reflete ainda atitudes anteriores à guerra; elas podem agir como mediadoras na sociedade, pois conhecem o mundo mais velho, mas estão suficientemente sintonizadas com o amanhecer do novo mundo.

Deve existir uma capacidade intelectual suficiente para avaliar as implicações das estruturas ideológicas nelas mesmas sem a imposição da autoridade, o que resulta no desenvolvimento de opiniões pessoais autênticas, a despeito de sua natureza e teor. A menos que essas pessoas estejam convencidas da validade de uma idéia ou de uma crença, depois de cuidadosa reflexão, em geral elas são incapazes de apoiá-la irrestritamente — a menos que se comprometam, visando um ganho pessoal.

Elas estão cientes dos perigos da falta de discriminação do público e da credulidade em relação aos líderes — como demonstrou o povo alemão durante a Segunda Grande Guerra —, porém não estão totalmente convencidas das intenções de qualquer líder que encare a verdade como algo a ser usado apenas quando lhe convém. Sob muitos aspectos, essa geração enfrenta a necessidade de solucionar certos conflitos internos e visões opostas do mundo; é quase como um teste de como a sociedade poderá fazer o mesmo em escala maior. Há paradoxos nos planos mental e emocional que precisam ser resolvidos e integrados, porque essas pessoas, com demasiada freqüência, são vítimas da sua própria indecisão e confusão sobre qual "face" mostrar: a face dos velhos costumes ou a face que reflete as mudanças emergentes no mundo.

QUADRATURA NETUNO-URANO

O último aspecto de quadratura aconteceu de 1952 a 1956 e influenciou as pessoas nascidas nesse período. É a segunda fase das crianças do pós-guerra, nascidas numa época de relativa estabilidade e reconstrução. Nessa época, as lembranças da guerra já se diluíam no passado, embora a guerra da Coréia reacendesse algumas delas.

Esse grupo recebeu uma impressão psíquica do coletivo, que incorporava uma espécie de confusão social então predominante e refletia a mente coletiva. A questão era a direção social. A derrota do governo de Churchill depois do fim da guerra, um governo que na época pareceria representar o passado, e a introdução das políticas reformistas do Partido Trabalhista no pós-guerra, como o Estado do Bem-Estar, pareciam anunciar uma nova visão e um novo caminho. Mas o coletivo estava dividido entre os sonhos e os medos de um mundo novo, e rejeitava as dolorosas memórias recentes da desumanidade do homem: um choque entre o futuro e o passado, o desconhecido e o conhecido.

Refletindo esse conflito coletivo, as pessoas nascidas nessa época receberam um padrão de rebeldia (Urano) misturado à confusão (Netuno) sobre o que fazer, que rumo seguir, como atingir os objetivos, e até mesmo quais seriam, de fato, esses objetivos. O único modelo que poderia ser assimilado era o dos pais e dos pares, que transmitiam mensagens sociais conflitantes e confusas.

O problema, na maturidade, foi a ambivalência; essas pessoas ficaram divididas entre a necessidade de se voltar contra a autoridade e o sistema e de sentir segurança social. A pureza do idealismo se tornou um desafio, principalmente quando confrontado com as exigências pragmáticas da vida econômica e familiar.

100

Com este aspecto está presente a aversão aos líderes que, ao que se sente, exigem das pessoas obediência cega e conformismo, o que é um anátema para o espírito uraniano e se opõe ao princípio uraniano da liberdade. As liberdades pessoais são de máxima importância e reprimi-las pode levar à luta para impô-las. Entretanto, este grupo acabou se fragmentando em vários tipos. Alguns foram revolucionários relutantes, que acabaram sendo reabsorvidos pelo modelo social dominante; outros foram "rebeldes sem causa", desajustados sociais totalmente sem rumo, exceto o da reação agressiva. Os membros desse grupo foram atraídos pela contracultura dos *hippies* e, posteriormente, das drogas, depois de 1968; outros tornaram-se os primeiros líderes do movimento *punk* de meados dos anos 70, uma revolta contra o conformismo de jovens anárquicos e reacionários; e talvez, acima de tudo, esteja a difusão do movimento da Nova Era, que abrange os atuais grupos políticos ecológicos.

Na realidade, grande parte dos adeptos dos ideais *hippies* ingressaram na cultura da Nova Era, que se expande por toda a sociedade através das terapias de saúde alternativa, treinamento mental, alimentação saudável e da ideologia da totalidade individual e coletiva. É dessa forma que o núcleo básico das pessoas nascidas entre 1952 e 1956 está assumindo o controle da própria vida e influenciando a sociedade.

OPOSIÇÃO NETUNO-URANO

Como o aspecto de conjunção, a oposição se forma aproximadamente a cada 171 anos. A última ocorreu no período de 1906 a 1910.

O que aparentemente acontece com este aspecto é o domínio da mente consciente por um programa de condicionamento social, que torna a pessoa e o coletivo menos conscientes do que está de fato acontecendo na mente coletiva. Os planetas transpessoais estimulam a agitação do inconsciente, de modo que as áreas que necessitam ser liberadas e resolvidas são trazidas à luz do dia através de crises de embates.

É uma fase em que a mente consciente está incorporada ao *status quo*, firmemente arraigada na visão do mundo, nas ideologias, nas crenças religiosas e nos estilos de vida social. Basicamente, a vida segue por "caminhos" bem demarcados, onde há pouco questionamento ou dissidência; entretanto, por baixo da calmaria superficial fermenta um turbilhão de energia reprimida e contida que busca liberação e expressão. Sob muitos aspectos, a pessoa está identificada demais com os grupos coletivos e perdendo a capacidade de ter autodeterminação e liberdade de escolha. Isso envolve abrir mão da responsabilidade pessoal e a transferência do poder coletivo para aqueles que se apresentarem espontaneamente (por vários motivos) como líderes sociais.

Provavelmente haverá otimismo e ilusões despropositados em relação ao bem-estar da sociedade, porque se nega a plena expressão à dinâmica da mudança e à luta para atingir um ideal elevado. Internamente, na pessoa e na coletividade, existe um conflito entre o plano mental e o plano emocional, já que não há uma fusão verdadeira sob a influência norteadora de uma vontade concentrada. É como se fosse instituído um padrão cômodo, ao qual as pessoas se adaptam com pouca consciência discriminatória. Há tranqüilidade mental, mas de alguma forma é negada uma dimensão emocional satisfatória, fazendo com que a energia fermente por dentro. No fim, ela ressurge como motivação, criando desejos mentais que, em geral, representarão uma atitude separatista. Foi o que se viu na sofreguidão nacionalista e econômica que surgiu antes da Primeira Guerra Mundial, e que até se repetiu na guerra posterior, de 1939-1945.

Pode ser uma fase confusa, na qual a atividade verdadeira se agita sob a superfície, pronta para irromper. A pessoa passa a ser arrastada pelas grandes mudanças sociais, e terá de fazer escolhas verdadeiras em conseqüência de se ver frente a frente com os resultados dessas tensões internas. É preciso tomar partido e, no lugar da apatia, pode sobrevir uma luta verdadeira na tentativa de garantir a preservação dos fatores essenciais do estilo de vida do Estado contra os agressores em potencial, que podem ser internos ou externos. Entretanto, não se pode ignorar a mudança, e algum tipo de revolução acontecerá. Dois exemplos disso são a Revolução Russa e as guerras mundiais; ambas provocaram permanentes mudanças internacionais.

Conjunção Plutão-Urano

Os aspectos de Urano e Plutão tendem a se voltar para a sociedade e as gerações, e as qualidades, tendências e atitudes a eles associados são aquelas que dão um tom nitidamente condicionador à sociedade durante o período do aspecto.

A conjunção é bastante rara. A última delas se formou por volta de 1848, época de revolução social na Europa e de grande inquietação civil e mudanças sociais tanto na Europa quanto na América. Ocorreu novamente no período de 1963 a 1968.

A influência desses poderosos planetas transpessoais costuma ser radical e de longo alcance, determinando a tendência que será desenvolvida e integrada no século seguinte, e requer um longo período até ser assimilada pela sociedade. Nesse sentido, a influência

102

é mundial, e o período em que a próxima conjunção vai se formar deve ser analisado cuidadosamente para que se perceba o esforço essencial dessa energia norteadora e as tendências emergentes de desenvolvimento social para as centenas de anos seguintes.

Com a liberação cósmica periódica dessas poderosas energias, a reação humana é variada e muitas vezes polarizada. Revela a interface entre a vida individual e a vida coletiva da sociedade. É como se, a partir de inúmeras fontes, uma voz sedutora se levantasse para revelar uma nova abordagem de vida a ser assimilada pela sociedade. Algumas pessoas respondem com entusiasmo a esse novo canto de sereia e adotam "o novo jeito": elas começam a se juntar como minoria influente em sua própria sociedade. Em seguida, refletem as novas idéias, impregnam a sociedade com elas e atuam como transmissoras da mudança. A reação social mais ampla ao "novo jeito" em geral é mais lenta, isso sem falar na inevitável reação contra a nova tendência; a sociedade muitas vezes tenta usar o poder de suas estruturas instituídas para resistir ao que parece ser um impulso ameaçador.

A influência da conjunção se dá no sentido de iniciar uma nova fase de mudança social. Durante o aspecto formado entre 1963-68, representou o novo espírito revolucionário que exaltava as virtudes dos direitos e das liberdades individuais, estimulava a necessidade de transformar as instituições sociais existentes e o colapso das atitudes nacionais e sociais limitadoras e ultrapassadas, e dos padrões arraigados de pensamento.

Para quem esteve (e ainda está) em sintonia com essa energia visionária e receptivo a ela, há uma sensação pessoal de estar envolvido num amplo processo de desenvolvimento evolutivo em curso na terra, a sensação de que a vida individual está intimamente ligada a um vasto plano que aos poucos vai se revelando na realidade e de que ela é norteada por alguma consciência maior, como participante de um drama planetário. Como um grupo de âmbito mundial unido pela resposta comum, essas pessoas coletivamente constituem um duto entre a nova abordagem social e a vida e a consciência humanas. Algumas refletem esse fenômeno de forma mais consciente, procurando manifestar a ofuscante energia por meio da meditação intencional ou rituais ocultos etc.

O que é importante nesse grupo é o respeito e a valorização de todas as formas de vida, desde a vida humana até os animais, as plantas, todas as aparências da Natureza e da abundante criatividade da Terra. A vida é encarada como algo essencialmente "sagrado" que deve ser acalentado, respeitado, usufruído e protegido. É uma atitude básica de um estilo que deseja a mais alta qualidade de vida para todos, fundamentada na relação equilibrada e cuidadosa com o ambiente e o mundo natural, pela qual a sociedade humana deixa a exploração perigosa das dádivas da natureza por uma vida naturalmente mais harmoniosa. Individualmente, é preciso que cada um se desenvolva como um ser singular, livre para se expressar numa coexistência pacífica e cooperativa; é preciso aprender a revelar o potencial inato sem violar os direitos dos outros.

Considerando a situação mundial há cerca de vinte anos, depois da última conjunção, as atitudes surgidas no mundo nessa época ainda hoje servem como um guia social necessário, e muitos grupos de pressão se formaram para incrementar o progresso dessas causas. O próximo século precisa ver mais desenvolvimento em benefício da humanidade.

SEXTIL PLUTÃO-URANO

O aspecto de sextil ocorreu no meio da Segunda Guerra Mundial. Pode-se dizer que a natureza da energia liberada entre 1942 e 1946 impulsionou positivamente as forças aliadas naquela época, estimulando sua coesão e o empenho para lutar contra o regime nazista opressor.

Se as tendências associadas a esse sextil fossem realmente empregadas no mundo, contribuiriam para criar melhorias sociais e transparências nos órgãos representativos de governos e povos.

O sextil invoca a voz natural do povo, opondo-se à injustiça social e à hipocrisia, resistindo aos abusos ditatoriais de poder e à influência que emanam de governos centralizadores, além de denunciar a corrupção nas altas esferas. Ele representa a dicotomia entre o indivíduo e o Estado, pois este deveria refletir a vontade democrática do povo e ser o servidor eleito por ele; mas, o que acontece é que o Estado passa a ser uma entidade independente dominada por blocos de poder e influentes partidos políticos, que se percebem como superiores ao povo e muitas vezes ignoram suas necessidades. Com freqüência, a elite política pretere o público em geral e acredita possuir a máquina e o poder de manipular a consciência social de acordo com seus desejos; invariavelmente o que ela deseja é que não exista o que muitas vezes se faz passar por democracia para não estorvá-la.

Infelizmente, muitas vezes é correta a análise que se faz da apatia do povo e da capacidade que tem a elite de manipular as atitudes sociais, e serve como uma barreira reacionária ao progresso social. Entretanto, uma das tendências deste aspecto é querer e insistir numa liderança governamental de alta qualidade, na qual as pessoas que ocupam cargos de autoridade e influência social devam expressar os mais elevados ideais, a moral e os valores da sociedade que representam; caso contrário, devem ser substituídas. Uma virada nessa direção, supondo-se que se apresentem pessoas desse quilate, poderia estimular uma importante mudança na sociedade; é um pré-requisito para que a nova visão se mostre no futuro. Preservar e ampliar a natureza e a liberdade no mundo é uma luta permanente, tanto no Ocidente como no Oriente, pois há muitos que, por razões egocêntricas, querem vê-la destruída.

É interessante notar que foi durante os anos da guerra que ocorreu o rápido desenvolvimento do projeto Manhattan e a criação da bomba atômica, quando ficou demonstrada a "centelha iluminadora" de Urano tanto nas instituições como nas percepções científicas necessárias para criar a tecnologia, e na demonstração física do seu efeito. Existe aí uma ligação com a face social negativa de Plutão. Ele nos apresenta a escolha entre duas formas de transformação, a negativa e a positiva, a destruição coletiva ou a mudança unificadora coletiva. O caminho a seguir depende obviamente do ativismo ou da apatia do povo, da qualidade de líderes sociais e da natureza da atitude condicionadora, separatista ou unificadora. Dessa forma, a roda gira e nos põe diante dessas tendências associadas ao aspecto de sextil que, coletivamente, ainda estamos enfrentando.

TRÍGONO PLUTÃO-URANO

O aspecto de trígono se formou na década de 1920 e estimulou um movimento de mudança internacional, uma ânsia de reforma das estruturas sociais e políticas existentes. O reconhecimento dessa necessidade ficou patente na instabilidade e no colapso da economia nos Estados Unidos e na Alemanha, na Depressão Britânica e no estabelecimento do novo regime comunista na Rússia. Além disso, surgiram as novas teorias políticas, como o fascismo, o nacional-socialismo é o comunismo, todas baseadas em "novos" ideais ou ideologias, mas freqüentemente evidenciando uma postura capaz de provocar conflitos internacionais, apesar das melhorias sociais internas que beneficiaram seus respectivos povos.

A mudança estava no ar; muitos responderam ao seu efeito intoxicante, tentando tirar proveito das energias recentemente postas a seu alcance; há uma sensação de busca e experimentação durante as épocas de crise e transição, quando pouca coisa é clara e definida e a maioria parece fazer parte de um cadinho global de onde sairiam os resultados que definiriam os rumos do futuro.

As pessoas aceitavam romper com o passado e abrir-se para todas as novas idéias e desenvolvimentos. Algumas acolheram o fato com prazer e excitação; à medida que as estruturas culturais e sociais começaram a desintegrar-se ou perder seus lugares predominantes, alguns começaram a achar perturbadoras as mudanças, sentindo que as areias sob seus pés moviam-se rápido demais. As pessoas sob influências do trígono acharam que a maré da história estava para elas, e que nenhum obstáculo podia permanecer por muito tempo em seu caminho. Os hábitos tradicionais eram considerados ultrapassados e restritivos, buscava-se algo novo onde fosse possível descobrir algum significado pessoal. As pessoas uniram-se em apoio às novas filosofias políticas emergentes com entusiasmo emocional, pois elas pareciam personificar o novo mundo que se acreditava iminente.

O trígono Urano-Plutão agiu como um canal para as energias estimularem as características nacionais e anularem o poder da tradição e do passado. Teve um efeito dissonante sobre o mundo; inicialmente foi recebido como o que hoje vemos como uma força destrutiva e enganadora, mas que era necessária para abrir caminho a uma influência mais construtiva. Impulsionou o desenvolvimento científico e intelectual no Ocidente, mas estimulou um nível social relativamente imaturo do ponto de vista emocional, que a princípio encontrou segurança na massa de apoio emocional àqueles demagogos carismáticos que passaram ao primeiro plano da cena política. Sob certos aspectos, os efeitos do trígono são exatamente opostos aos do aspecto anterior de oposição ocorrido na virada do século, em 1900-1903; foi quase como se a volta da roda criasse confusão e conflito social ainda maiores no período das duas grandes guerras. Sem dúvida as mudanças ocorridas no século XX foram profundas e extensas, com uma série de crises aceleradas acontecendo em todos os aspectos da vida, sempre num crescendo memorável.

Quadratura Plutão-Urano

A influência do aspecto de quadratura estimulou as mudanças sociais "destrutivas" que atravessaram fronteiras internacionais e intensificou todas as características nacionalistas latentes que emergiram na mente dos grupos nacionais, até que a única forma de expressar e liberar as tensões subjacentes foi o conflito mundial.

A quadratura mais próxima vigorou entre 1931 e 1934, uma fase de rápida metamorfose em países-chave como a Alemanha e a Itália. São dois exemplos claros do impacto da energia uraniana-plutoniana, em que as tendências nacionalistas e as atitudes elitistas foram elevadas à categoria de direção social e manipuladas por grupos ditatoriais na tentativa de tomar o poder e ao mesmo tempo beneficiar o Estado com a introdução de novos conceitos políticos. O complexo poder e necessidade de dominar, próprios da energia não regenerada de Plutão, ficam evidentes na expansão do controle e da influência a outras nações menos poderosas, através de violência e força impiedosas.

A instabilidade econômica do mundo contribuiu para que os agitadores políticos radicais e revolucionários ascendessem ao poder, alimentados pela exploração da energia da vontade (Plutão) de construir uma nova sociedade aparentemente mais atraente. Em muitos casos, o anseio básico da criação de novas estruturas sociais era autêntico nas pessoas com motivações e idéias socialmente benéficas; entretanto, essas pessoas perderiam os cargos de responsabilidade para outras cujas intenções eram mais híbridas, e que eram movidas pela receptividade às possantes energias que inundavam o mundo e provocavam a superestimulação dos aspectos não integrados de suas personalidades.

A coletividade que correspondeu aos ideais fascistas e nazistas gerava e refletia a energia dominante, principalmente através da mente grupal, como se viu nas concentrações de massas, emocionalmente manipuladoras e apelativas, cujo efeito se assemelhava aos de certos tipos de ritual mágico. As pessoas reagiram basicamente de duas maneiras às mudanças sociais em curso. Uma delas foi a colaboração motivada pela excitação e a vibração de estar participando ativamente de um ressurgimento nacional, a despeito de alguns de seus aspectos ocultos mais sombrios. A outra maneira era ficar apático e passivo, permitindo que as mudanças prosseguissem ao redor; a sensação era de insegurança e incapacidade de exercer qualquer influência, mesmo que se discordasse do grupo dominante.

O que se tornou de importância máxima nessa quadratura foi o estímulo de Plutão na mente e nas emoções nacionais inconscientes, estímulo esse que sobrepujou a qualidade mais intelectualmente idealista de Urano. Todas essas tendências reprimidas ganharam forma física. As atitudes de superioridade, de frustração nacional, de menosprezo ríspido e sádico pelas raças "inferiores" e o poder da agressão violenta incorporaram-se à expressão da nova sociedade; a liberdade foi ignorada pelo poder do opressor. A face negra da energia de Plutão, empregada de modo incorreto, estava pronta para ser desencadeada no mundo.

OPOSIÇÃO PLUTÃO-URANO

Na época da oposição, 1900-1903, o tradicionalismo social no Ocidente estava no auge; era culturalmente avançado e sentia-se essencialmente invulnerável às ameaças dos "subversivos". Isso não quer dizer que não estivesse acontecendo nenhuma mudança; é que a elite dirigente sentia-se segura, em certas nações as monarquias ainda pareciam fortes, as atitudes e as divisões sociais eram claramente definidas e a expansão e conseqüente exploração de terras desconhecidas era a base do crescimento econômico a baixo custo. A estrela do Império Britânico estava no ápice, e para muitos tudo estava (relativamente) bem no mundo.

A sombra da oposição começou a alongar-se, perturbando a calma e o *status quo*; intensificavam-se as suspeitas com relação às primeiras ebulições de desenvolvimentos de novas formas de pensar — tanto cultural quanto política e socialmente. Embora ainda fossem precisos vários anos para que as novidades viessem publicamente à tona, foi este o período de gestação que precedeu as crises das guerras mundiais, da Revolução Russa, do colapso econômico etc.

Os estrondos dos ajustes subterrâneos do mundo começaram a ser ouvidos na superfície por algumas pessoas que se sentiram sentadas na cratera de um vulcão extinto, achando que estavam a salvo. O ocultismo começou a exercer maior atração sobre muitos ocidentais, refletindo a necessidade de transmutação interior sentida pelas pessoas; várias personalidades importantes do ocultismo conquistaram a atenção de um público maior no início dos anos 20 (período do trígono), quando surgiram Alice Bailey, Rudolf Steiner e Gurdjieff, que nessa época estavam passando por suas fases iniciais de experiência, treinamento e iniciação. É interessante a aparição, em abril de 1904, do *Livro da Lei* por intermédio de Aleister Crowley, que trabalhava no Cairo, pelo qual a "Palavra do Novo Éon" foi transmitida à consciência mundial. É bastante sugestiva a proximidade entre esse pronunciamento ocultista e o aspecto de oposição, para anunciar a morte da velha ordem e o nascimento da nova.

As mudanças desencadeadas nessa época, no começo de um novo século e o último deste milênio, ainda se processam hoje, muitas delas ainda não concluídas e transferidas para diferentes representações de conflitos nacionais. Persiste ainda a necessidade de existirem mais pessoas que possam pensar por elas mesmas, que dependam menos das outras para tomar decisões, e da redução do poder de alguns para que o poder e a responsabilidade pelo estado da sociedade sejam compartilhados entre seus membros.

A influência dos ideais uranianos sofreu a oposição da necessidade de um senso de segurança de qualidade emocional, representado pelos costumes familiares e tradicionais; o choque entre eles provocou a ruptura no mundo. A influência de Plutão foi inicialmente utilizada para apoiar os velhos costumes, porém foi corretamente recebida como um meio de subverter as instituições, de modo que o novo pudesse nascer. Esse processo ainda estamos vivenciando.

Urano Retrógrado

Com Urano retrógrado, a ênfase recai fortemente sobre o tema da liberdade. A necessidade, o desejo e a exigência dela é um fator central nas decisões e nas escolhas pessoais. Por vezes, devido às exigências da sociedade e às obrigações familiares pessoais, pode-se vivenciar um grave conflito que é provocado pela agitação e a influência desse poderoso anseio por liberdade. Embora o choque entre o velho e o novo ainda esteja presente, não haverá paz verdadeira enquanto não se aceitar a necessidade de novos caminhos. Resistir a esse impulso provoca estresse e tensão interiores, e acaba redundando em fracasso, pois o desígnio potencialmente criativo de Urano mostra sua capacidade de despedaçar as estruturas de uma vida em que o livre acesso lhe é negado.

A persona do "rebelde interior" emerge na consciência, ansioso por romper quaisquer laços restritivos e tradições sociais que supostamente coíbam seu direito predestinado à liberdade. A sensação é de descontentamento, inquietação e busca desse estado utópico de "liberdade", para o eu e para a sociedade. Há um forte senso de empatia com os desejos, necessidades e esperanças da coletividade, e a crença que, de alguma forma, essa luta pessoal para ser livre e descobrir uma auto-expressão realizadora é valiosa, não apenas para o indivíduo, mas para todos.

Provavelmente está presente o senso de responsabilidade social; a pessoa adota os ideais libertários e acredita nos conceitos sociais relacionados com "liberdade, igualdade e fraternidade". Há otimismo em relação ao futuro; e a pessoa com Urano retrógrado pode servir de semente para futuros desenvolvimentos da humanidade, atuando como canal de semeadura ao liberar as idéias avançadas que, no final, florescerão como o futuro da humanidade. Essas idéias podem parecer estranhas, sem praticidade, loucas ou ingênuas para os outros, e realmente podem ser impossíveis de se manifestar no mundo atual. Entretanto, o mundo se constrói com os sonhos e as esperanças das pessoas, e sem dúvida o futuro será erguido sobre a plataforma dos sonhos de hoje; portanto, talvez seja mais prudente ter os sonhos mais idealistas possíveis, acreditando que um dia a humanidade vá concretizá-los num grau satisfatório. A visão holística, visionária, pode revelar um caminho que esteja em consonância com o padrão evolutivo predestinado de desenvolvimento.

A luta mundial pelo progresso lento é interminável; ainda assim ela será sentida como uma cruzada pessoal, e é essencial que cada indivíduo possa fazer uma diferença vital. É possível, assim, criar uma pressão interior para "mudar o mundo", e provavelmente será necessária a modificação da percepção pessoal desse sentimento para se chegar à perspectiva correta. Para tanto, há que se ser autêntico com as próprias crenças e com o caminho pessoal, expressando dons e talentos inatos no maior grau possível; tem que haver a disposição para expor aos demais quaisquer percepções e, dessa maneira, acender a chama de cada um com a própria chama interior. Com o tempo, a luz de cada fogo isolado se espalhará e iluminará o caminho para todos.

Os relacionamentos pessoais podem ser difíceis, principalmente se esses conflitos internos causarem atrito entre o coração e a mente, quando haverá obstáculos a qualquer tipo de progresso, como nos compromissos sociais e familiares. É possível que se sinta uma solidão interior, mas um claro alinhamento com a função de sementeira pode ajudar a abrandar as reações pessoais por meio de uma associação com a consciência grupal que a tudo domina. Pode ser que os outros não entendam você direito, e talvez seja preciso resistir à tentação de se livrar de qualquer um que esteja tentando impedir o seu caminho, fazendo, talvez, com que você se submeta a um estilo de vida socialmente aceitável.

URANO EXALTADO EM ESCORPIÃO

Esta é a chave da peculiar qualidade da vibração uraniana que lembra o tema da morte e do renascimento, encontrada nas associações com Escorpião. É no signo de Escorpião que a essência mais pura e transformadora da energia de Urano se libera, enfatizando o elemento de destrutividade que caracteriza essas duas energias. Também existe uma ligação entre as funções transpessoais de Urano e Plutão (como regente de Escopião), e outra ligação esotérica entre Urano, o Hierofante, e Plutão, o regente do grupo de discípulos espirituais. É como o Hierofante dos Mistérios Sagrados que Urano toca o ''discípulo do grupo'' com o bastão, ou vara de condão da iniciação, transmitindo a faísca elétrica e, assim, estimulando o processo de iniciação e transformação. Esse processo completa um ciclo de existência e dá início à nova fase, cumprindo o propósito da recriação de Urano e Plutão, através do progresso revolucionário e evolutivo.

Dessa forma, Urano dá início a esse processo, preparando o terreno para o trabalho de Plutão, que é minar todas as estruturas ultrapassadas dentro do indivíduo, da sociedade e do Estado; ambos combinados de forma adequada vão ajudar a criar um alicerce mais firme para a nova visão. É de Urano que de início surge a nova idéia, o ideal ou imagem simbólica (refletindo o conceito da Ideação Divina), que vai começar a estimular as mudanças necessárias que darão corpo ao novo padrão; a agitação revolucionária acontecerá em qualquer esfera da vida que deva ser transformada. Em seguida, Plutão assume a tarefa de formular esse processo de uma maneira que sua manifestação aconteça no plano físico. Urano, como Deus do Céu e elemento Ar, coopera com Plutão, um Deus mais terreno do Mundo Inferior, para que essa visão se manifeste no reino intermediário de Gaia.

MAPAS NATAIS

Dois aspectos principais das características de Urano incluem as dimensões política e criativa da vida, onde novas visões são transmitidas por intermédio do indivíduo para toda a coletividade, e que são destinadas a revolucionar as atitudes mentais e a percepção. Para avaliar seu funcionamento na vida de figuras famosas da história, tomemos três políticos de considerável estatura, John F. Kennedy, Mahatma Gandhi e Sir Winston Churchill; um músico, John Lennon; e um ocultista, Aleister Crowley. Seus mapas natais serão vistos a partir da perspectiva da influência de Urano na vida deles e na expressão pessoal de cada um, de modo que o efeito transpessoal seja completamente ressaltado, mostrando que, em essência, essas pessoas se tornaram transmissores arquetípicos das "visões do além", e que também, em três casos, elas refletem mitos de sacrifício.

Aleister Crowley

Aleister Crowley nasceu em 1875 e morreu em 1947. Foi tachado pela imprensa como "o homem mais perverso da terra", o que é um exagero numa época que também produziu um Stálin e um Hitler. Tinha a reputação de ser um "mago negro", porém qualquer um que tenha estudado a sério seus escritos sabe que ele aspirava aos ideais espirituais verdadeiramente mais elevados. Apesar de todos os seus defeitos de personalidade e de suas contradições, Crowley era — no nível transpessoal — um "santo homem iluminado de Deus". Muitas vezes consideramos Deus inefável e incompreensível, mas continuamos julgando seus mensageiros segundo idéias preconcebidas de "divindade" que nos impedem de ver qualquer centelha de singularidade em suas personalidades. Crowley era muito complexo, inteligente e brincalhão. Sua irreverência criaria problemas para ele, assim como seu desejo iconoclasta de descobrir a verdade. *Eye of the Triangle*, de Israel Regardie, é o estudo mais fundamentado e revelador de Crowley e de sua obra.

Crowley tinha Urano em sextil com o Sol, em quadratura com Mercúrio, em sextil com Vênus, em oposição a Saturno e em quadratura com Plutão. Urano está em Leão, na 1.ª casa. Seu Sol é Libra, com Leão no Ascendente.

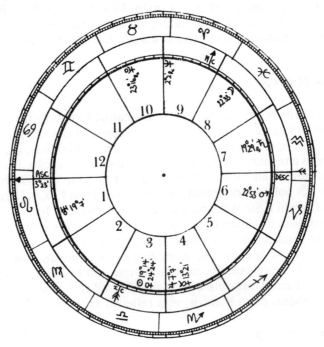

Aleister Crowley 23:16 12.10.1875
Balneário Leamington, Inglaterra

O Sol em Libra em geral parece um pêndulo oscilante, movendo-se entre dois extremos e com dificuldade para se fixar numa posição equilibrada; isso demonstra um temperamento mutável. A influência de Urano flui através da posição natal em Leão, na 1.ª casa. Implica a necessidade de redefinir a identidade pessoal e de alçá-la à condição de "realeza"; isso é uma motivação para a auto-exploração e para atingir um estado de elevação pessoal. Essa é a esfera da revolução de Crowley. O caminho escolhido por ele foi o verdadeiro caminho superior da *magick* (como ele mesmo soletrou), e sua intenção era transformar-se em "divindade", e nada menos que isso. Depois de fazer seu aprendizado inicial na Ordem Hermética da Aurora Dourada, envolveu-se com dissidências e a divulgação de informações secretas, o que culminou com sua saída da Ordem para criar suas próprias ordens mágicas.

A análise de Urano na casa 1 é muito apropriada à personalidade de Crowley. São dignas de nota a vontade e a determinação absolutas que ele empregou para ir além da persona consciente e explorar durante toda a vida a sua psique com técnicas da magia e da ioga. Foi um precursor da atual abordagem da "Nova Era"; as técnicas de magia usadas hoje são, muitas vezes, baseadas nas técnicas da Aurora Dourada. Aos olhos de Crowley, ele se transformou no Logos na Nova Era, proclamando sua mensagem no "Thelema": "Faze o que queres é a única Lei. O Amor subordinado à vontade". Essa fórmula é totalmente mal entendida; na verdade, ela implica uma transformação do indivíduo antes de ele ser capaz de conhecer sua própria vontade (ou Self).

Crowley era ao mesmo tempo um reacionário, ao lutar contra a calmaria de sua sociedade, e um revolucionário, ao anunciar ardentemente sua mensagem mundial como um novo Messias. Exigia total liberdade para si mesmo, aceitava todas as formas de autodescoberta, gostava imensamente de quebrar tabus sociais e, assim, acabou tornando-se socialmente perigoso. Em geral, a influência de Crowley teve um efeito (mas não uma natureza) "destruidor", principalmente pelo impacto que causava nas pessoas que tinham dificuldade de lidar com ela de modo adequado. Muitas vezes Crowley teve problemas para absorver as energias que fluíam por sua mente aberta. Teve uma visão em que todas as pessoas estavam em sintonia com seu eu superior, o que criava uma sociedade conscientemente livre, onde cada um seguia sua própria verdade sem se chocar com os outros: essencialmente, era a unidade na diversidade.

Ele propunha a via da magia como forma de atingir esse objetivo, refletindo o sextil Sol-Urano; as lutas da quadratura Mercúrio-Urano mostram seus conflitos internos. Grande parte da vida de Crowley é sintetizada pela oposição Saturno-Urano e pelo esforço para transcender esses opostos dualistas. Nele, passado e futuro se fundiam; ele ficava no ponto de interseção, de onde transmitiu o "Novo Mundo do Éon" e revelou seu Livro da Lei. Ele foi o ponto culminante das tradições sociais radicais e mágicas do passado e o profeta da liberação do novo. Rompendo com as fronteiras saturnianas, personificou uma demonstração peculiar das características positivas e negativas de Urano.

No mundo de hoje, ele não seria tão peculiar; mas poderia ser considerado um dos que abrem a porta, um homem adiante de seu tempo, quase como um homem da Renascença. Era mago, poeta, romancista, iogui, alpinista, professor e profeta. Somos seus herdeiros, na medida em que também nos é exigido personificar o espírito que operava por seu intermédio.

John Lennon

A música de John Lennon tirou-o das ruas de Liverpool para o palco do mundo, imortalizando-o como um herói contemporâneo da música popular, através do seu envolvimento com os Beatles. Embora os Beatles fossem divulgadores dos estilos de música negra, do R' n' B e do rock-and-roll inicial, transformaram-se na vanguarda de um novo caminho musical e de um movimento de massa de jovens em meados dos anos 60. Tornaram-se o grupo arquetípico, uma fonte de inspiração para muitos músicos que os seguiram, e sua imagem pública era muito mais pura do que a realidade de suas vidas. Como grupo, tocaram as cordas que encontraram ressonância nos desenvolvimentos sociais emergentes, do ponto de vista musical e cultural, e se associaram à vanguarda da época. Das drogas à meditação, e no caso de Lennon, à política extremista, eles deram voz a uma juventude que buscava novos valores, atitudes e maneiras de viver.

Desde bem jovem, Lennon foi um rebelde de jaqueta de couro que se opunha à autoridade e aos líderes, era iconoclasta e irreverente. Por baixo de tudo havia uma personalidade às vezes fragmentada, hostilmente defensiva, que encerrava devastadores conflitos emocionais, indicados na quadratura Vênus-Urano. Na tentativa de chegar a entender suas emoções, ele explorou métodos como a terapia do Grito Primal e expressou sua angústia nas letras de suas canções. Esse aspecto de quadratura mostra também uma natureza inquieta que passa por mudanças periódicas e é movida pela ânsia de explorar novas experiências. Muitas das tensões interiores foram liberadas pelo canal da música, quando Lennon começou a usar as energias criativas dos trígonos de Urano com a Lua e com Marte. Para muitos, ele foi o arauto de uma mensagem socialmente perigosa; sua música ritmada, suas letras ("Eu adoraria ligar você...") e declarações iconoclastas — como a de que os Beatles eram mais populares e importantes do que Jesus — eram subversivas para os jovens da época. Os problemas com as autoridades governamentais, como a concessão de vistos de entrada nos Estados Unidos, estavam ligados à associação de Lennon com extremistas políticos, às canções contra a guerra e às declarações sobre o Vietnã. Para o sistema, ele era um espinho na carne; personificava uma atitude livre e questionadora que era melhor não estimular. Com os Beatles, ele escreveu a canção da visão dos anos 60, "All You Need is Love" ("Tudo de que você precisa é amor"), transmitida para todo o mundo via satélite. Na sua carreira solo, preferiu canções de claro conteúdo social e político, como "Power to the People" ("Poder para o Povo") e "Imagine". Essas canções representam os ideais uranianos e as mensa-

114

gens de revolução social, numa época em que ainda se acreditava muito que a música tinha o poder de mudar o mundo.

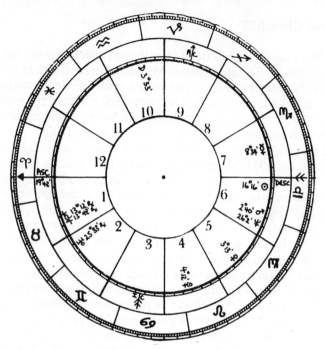

John Lennon 18:30 9.10.1940
Liverpool, Inglaterra

Grande parte de sua confusão pessoal se originava no conflito entre a percepção que tinha de sua própria natureza, complexa e nem sempre agradável, e os temas idealistas que ele precisava exprimir através da música. A hora de nascimento de Lennon, de acordo com Hunter Davies, é 18:30 e, se estiver correta, dá o Ascendente em Áries e o Sol em Libra, com Urano na 2ª casa, em Touro. Se for assim, podemos ver que a marcha de Lennon para a fama e a fortuna de nada serviu para que ele deixasse de sentir-se vazio.

Ele conseguiu usar seus talentos e recursos naturais com êxito, mas enfrentou a questão do propósito e dos valores no auge do sucesso material. Compartilhou as novas dimensões da vida com sua mulher, Yoko Ono, e os aspectos políticos e culturais passaram a primeiro plano; na época do seu assassinato, começara a se sentir mais em paz consigo mesmo e com a vida, já entrando na meia-idade e conseguindo integrar mais efetivamente seus problemas emocionais. Na ocasião de sua morte, Urano em trânsito estava em Escorpião em sua 8.ª casa. Numa fase de renascimento e de bem-estar com a família, ele foi assassinado.

Winston Churchill

"Sir" Winston Churchill ficou identificado com o espírito britânico do buldogue, na Segunda Guerra Mundial, personificando as características fundamentais da nação na luta contra a Alemanha nazista. Churchill tinha Urano em trígono com o Sol e Vênus, em quadratura com Mercúrio e Plutão, em sextil com Marte e em oposição com Saturno. Urano estava situado na 11.ª casa, em Leão.

A quadratura Urano-Plutão é interessante na medida em que se formou em 1931-34, época em que Hitler subiu ao poder, antes da guerra. Churchill nasceu sob a influência da quadratura, em 1874, e intuitivamente reconheceu os perigos das atitudes nacionais separatistas que surgiam na Alemanha por intermédio de Hitler, enfocadas por seus demagogos e ditadores. Ele advertiu o governo britânico sobre os perigos de uma Alemanha renascida e aconselhou a construção de armamentos para resistir à guerra que fatalmente viria.

Churchill teve uma carreira política diversificada; houve várias mudanças de filiação partidária e de opinião, ligadas a sua necessidade de conservar a independência de pensamento e atitudes. Às vezes era bem recebido pelos partidos instituídos, liberal e conservador, outras quase se tornava uma *persona non grata*. Por afirmar sua liberdade pessoal, nunca foi muito confiável como "homem de partido", e sua carreira política passou por vários altos e baixos antes que ele liderasse o governo de coalizão, durante os anos de guerra. O sextil com Marte e o trígono com Vênus e o Sol indicam algumas de suas características sociais e criativas. Além de político, também foi conferencista, historiador e artista hábil. A quadratura com Mercúrio indica obstinação e rebeldia, o que ele nunca tentou esconder, mas que o condenou a posições de isolamento político e ao "ostracismo".

Entretanto, ele era o homem certo para conduzir seu país numa época de necessidades. O arquétipo da nação britânica foi transmitido através de suas características; o ideal uraniano da liberdade transformou-se na bandeira que uniu os aliados contra a imposição das forças do eixo Alemanha, Itália e Japão. Seus famosos discursos, feitos para galvanizar a vontade do povo contra o inimigo, estimulavam o desejo pela liberdade que estava ameaçada, bem como serviam de alento às energias marcianas. Churchill agiu como veículo da vontade britânica, além de assumir o papel de líder nacional. Como se pode observar com Urano colocado em Leão, ele tornou-se um personagem real em tudo, menos no nome. Isso ecoa o papel do legendário Arthur

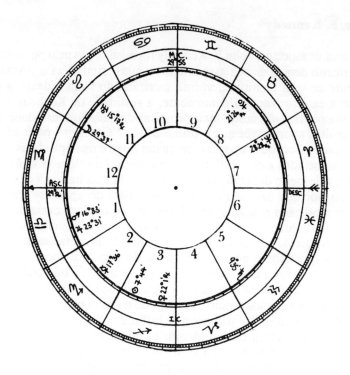

Winston Churchill   1:30   30.11.1874
Blenheim Palace, Oxfordshire, Inglaterra

como "Dux Bellorum", ou Senhor da Guerra, ao defender a nação contra a ameaça de invasão pelo inimigo. Com Urano na 11ª casa, a consciência de grupo opera através dele "em aliança com os outros, você pode determinar o seu papel social, que é representar a voz coletiva, enquanto o todo fala através da consciência grupal unificada". De fato, ele contribuiu para proteger a emergente visão uraniana do mundo daqueles que queriam destruí-la. Entretanto, pouco tempo depois do seu maior triunfo e da derrota de Hitler, ele foi rejeitado pelo povo, que preferiu a nova visão trabalhista de uma sociedade reconstruída. Como no antigo mito do sacrifício real, em que o velho rei era periódica e ritualmente deposto, para que surgisse nova vida e fertilidade, o tempo de Churchill tinha passado. Ele cumprira sua função transpessoal de protetor da luz. É irônico que um homem que tenha vivido sua carreira com a maior independência possível, que tenha sofrido por suas opiniões, acabasse, em última análise, sendo o foco do espírito grupal para transmitir sua mensagem a seu povo.

John F. Kennedy

Sob muitos aspectos, John F. Kennedy foi mistificado pelo povo norte-americano depois de seu assassinato, e quase simboliza o jovem rei abatido em sua plenitude, vítima sacrifical do sonho idealista que tentava exteriorizar. Evidentemente, a realidade de Kennedy e sua carreira política são muito mais prosaicas do que a luminosidade com que muitos agora o vêem, e o brilho de seu "Camelot" político está embaçado. Contudo, a aspiração de um povo e os altos ideais ainda estão associados a ele. Reflete-se aí a natureza da elevada visão uraniana; a despeito de ter descido ao abismo da vida humana e das distorções por que passou nesse processo, além do aparente fracasso em ser alcançada pela sociedade humana, a qualidade dessa luz continua pura e intacta. É uma prova de que o ideal que incitou as revoluções francesa, norte-americana e russa está perpetuamente a salvo, e de que cabe a nós ficar à altura do sonho divino.

Sob a influência de seu pai, Joseph Kennedy, e da natureza dinástica de sua família abastada, a expectativa era de que a vida de John e de seus irmãos seguisse o caminho traçado pelo pai. Os filhos foram preparados para tornarem-se influentes líderes sociais. No aspecto de quadratura Urano-Mercúrio, podemos ver a luta de Kennedy para rebelar-se contra a vontade paterna. Entretanto, a mistura de desígnio paterno mais o seu próprio desejo adulto de poder o levariam ao seu caminho predestinado. As tentativas de rebeldia foram sempre refreadas pelas circunstâncias e só encontravam expressão em alguns canais. Ou seja, o rebelde acabou desenvolvendo políticas radicais de mudança social, que se acreditava que realmente tinham a possibilidade de melhorar a qualidade de vida dos norte-americanos. Essas políticas encontrariam oposição. Kennedy criou uma imagem política e uma fórmula para expressar as mudanças sociais necessárias, um estilo que se mostrou mais atraente depois de sua morte do que durante seu mandato presidencial.

Várias de suas dificuldades estão refletidas na quadratura Urano-Júpiter; na tentativa de solucionar pressões internas e demonstrar coerência política, contou demais com um grupo de conselheiros muito próximos, que deram às suas políticas uma aparência de coesão e clareza. Muitas vezes, Kennedy tinha dificuldade em ser claro sobre o que desejava fazer; e várias vezes — com sua anuência — tornou-se porta-voz do grupo que o apoiava. Com a quadratura Urano-Marte, oscilava entre abraçar destemidamente o novo e permanecer com o velho, dividindo-se em campos opostos. Vê-se aí a conciliação política de sempre, os discursos radicais com práticas mais lentas de implementação devido à reação pública. Sol em Gêmeos e As-

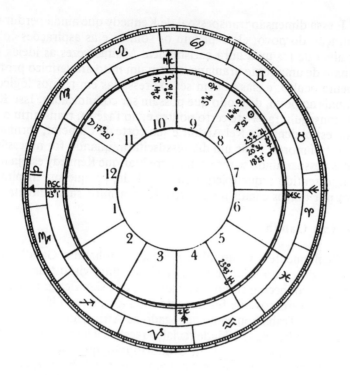

John F. Kennedy 15:15 29.5.1917
Brookline, Mass., EUA

cendente em Libra proporcionam uma perspectiva mental, porém podem ser contrários a um raciocínio estável e determinado.

Havia nele uma certa dose de repressão emocional, comum em muitos líderes sociais e políticos, pois os sentimentos precisam ser controlados para que as decisões políticas sejam tomadas sem paixão. Seus relacionamentos muitas vezes careciam de profundidade, e por muitas vezes houve um distanciamento considerável da esposa, que, como alguns acreditam, foi escolhida pela sua posição social e para aumentar o fascínio do jovem político. Seus casos e conquistas sexuais, ao que parece, foram numerosos, mas basicamente destacando apenas o plano físico. Ele não era discreto nesse particular, o que seus assessores incumbiam-se de acobertar. É nessa área que podemos ver seu espírito rebelde sendo liberado, na insistência com que procurava agir a seu modo. Seu Urano na 5.ª casa explorava novos romances, como uma tentativa de liberar as pressões sentidas. Por ocasião de sua morte, Urano em trânsito passava por sua 11.ª casa; foi silenciada uma voz da consciência grupal.

É essa dimensão transpessoal de Kennedy que ainda perdura na admiração do povo; ele exprimiu os sonhos e as aspirações coletivas, além de ter uma aura carismática. Muitas vezes as idéias que emanam de uma fonte uraniana trazem um mito arquetípico profundamente oculto, e elas podem ser expressadas em termos lógicos e racionais ao povo, de modo que possam ser comunicadas. Isso Kennedy conseguiu fazer até certo ponto, e, ao fazê-lo, transmitiu o mito correspondente do Rei Arthur e sua corte de Camelot, tornando-se um "rei mortal" que um dia ressuscitará, quando for necessário. Muitas pessoas ainda se recusam a acreditar que Kennedy esteja morto; num sentido arquetípico, isso é verdade, porque sua inspiração opera por outros canais no esforço de transmitir sua visão eterna.

Mahatma Gandhi

Semelhantemente a Churchill e Kennedy, Mohandas Gandhi ficou identificado como uma personificação de uma visão transpessoal. Tornou-se conhecido como "Mahatma", que significa grande alma, devido aos esforços que fez durante toda a vida para livrar o povo da opressão. Trabalhou como advogado na África, antes de empreender sua cruzada pela igualdade racial, e recebeu a inspiração das energias que brotavam de seu sextil Urano-Plutão, que o levaram à cena pública como reformador e revolucionário social. Este aspecto, como comentei anteriormente, invoca a voz natural do povo pronunciando-se contra a injustiça social e a hipocrisia, resistindo ao abuso ditatorial do poder e da influência emanada do governo central, e insistindo na alta qualidade de liderança, ideais e moralidade por parte do governo. A quadratura Urano-Netuno ele conseguiu resolver, de modo que as tendências revolucionárias começaram a ser comunicadas através de uma estrutura coerente de crenças e da filosofia da não-violência. Foi a filosofia de resistência não-violenta à opressão que começou a inspirar seus seguidores, além de despertar os ensinamentos indianos religiosos mais antigos que hoje são transmitidos ao mundo por outro canal uraniano.

O trígono Vênus-Urano revela valores pessoais alicerçados numa perspectiva social global. Com este aspecto, o ideal é viver de uma forma que satisfaça ao mesmo tempo as necessidades pessoais e tenha um efeito benéfico sobre o meio ambiente em geral. Gandhi pautava-se por princípios e disciplinas pessoais muito vigorosos, o que impressionava seus partidários, que tentavam seguir seus passos. Nas épocas de tumultos civis entre hindus e muçulmanos, ele passou por situações em que estava pronto para perder a vida, se necessário, a fim de enfrentar as facções antagônicas com sua filosofia

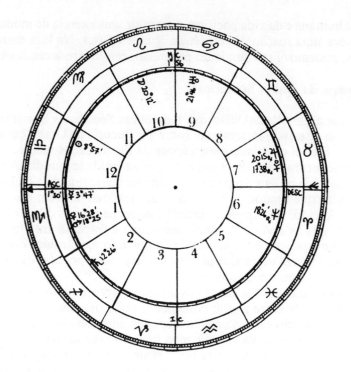

Mahatma Gandhi   7:33   2.10.1869
Porbandar, Índia

de não-violência. Com a força de suas convicções, superou graves obstáculos em sua trajetória política. O trígono Marte-Urano indica o espírito rebelde que se torna um opositor do sistema, que tenta, porém, mudar a sociedade estando dentro dela, sendo porta-voz de uma minoria ou de um grupo social em desvantagem.

Gandhi tornou-se um servidor da Índia; muitos o vêem como a imagem arquetípica do Pai Fundador da Índia moderna, livre da opressão colonial, graças aos seus esforços para conquistar a independência. Observamos aqui as características uranianas de liberdade e libertação. O sextil Júpiter-Urano indica uma abordagem que constrói o futuro sobre os alicerces do passado através da influência mediadora do presente; foi o que fez Gandhi com sua filosofia baseada na espiritualidade. Empregando este sextil e seu Urano de 9ª casa, o da mente superior, ele se tornou um mestre cujas penetrações e atitudes positivas e otimistas ajudaram a transmitir o potencial de um futuro mais brilhante. Ele acreditava que para tudo havia respostas, e que todos os obstáculos podiam ser vencidos. Gandhi também seria assassinado por sua visão social e transpessoal da unidade humana e da vida pacífica; transmitir uma energia de mudança provoca uma reação de resistência igual e oposta. Na luta entre as duas, podemos fazer um lento progresso, centímetro a centímetro.

O mapa da União Soviética*

O "mapa natal" da União das Repúblicas Socialistas Soviéticas é um caso de estudo interessante sobre a influência de Urano em uma nação. Ele foi calculado para a época da Revolução Russa, e marca o "nascimento" da URSS como uma nova entidade mundial. O que o mapa pode refletir é o padrão dominante inerente à idéia da União Soviética que ajudou a criar a revolução, e que também é o fator condicionador da expressão mundial dessa nação nos dias de hoje. Semelhante às revoluções norte-americana e francesa anteriores, o ímpeto propulsor era a eliminação do domínio monárquico dos czares e da nobreza e a instituição de uma República popular livre para ingressar "num novo mundo".

As revoluções nacionais costumam ocorrer quando existe uma sincronicidade entre a elite dominante, poderosa, mas distanciada e fria, e o nascimento, na coletividade, de uma idéia ou visão projetada como alternativa viável e uma imagem mais atraente da vida. Em geral, o povo e seus porta-vozes sentem-se oprimidos pelas decisões da elite dirigente, considerando-a esbanjadora, degenerada e, sem dúvida, incapaz de governar. Surge, então, a visão de uma sociedade que incorpora uma nova energia, um poder e uma ressonância que começam a ganhar o apoio e a galvanizar o povo para que a mudança seja provida. Isso, novamente, reflete a polaridade antagônica entre o *status quo* e os costumes tradicionais e instituídos de Saturno e a ânsia de mudar e destruir de Urano.

No caso da Rússia czarista, foram os conceitos do comunismo e do marxismo que deram foco a esses sonhos e desejos arquetípicos coletivos. O objetivo era a liberação de um povo oprimido para criar uma República popular própria, que funcionasse segundo os ideais do comunismo. Esta era a "visão ideal do futuro" estimulada por Urano, que gerou o poder do povo para romper com o regime czarista.

Como freqüentemente acontece, o resultado foi uma revolução violenta e sanguinária, com lutas pelo poder de grupos conflitantes tentando assumir o controle em circunstâncias caóticas de rápida intensificação. É esse elemento aparentemente destrutivo da mudança uraniana que logo se torna reconhecível; talvez seja inevitável, diante

---

* O livro foi editado pela primeira vez em 1989, portanto antes da dissolução da União Soviética. Mantivemos a forma original do texto.

da oposição de um *status quo* resistente e entrincheirado. Contudo, o poder da vibração uraniana desencadeada pelo inconsciente coletivo não pode ser negado, principalmente por uma estrutura estratificada do sistema. Sob a pressão social e o sucesso de Lenin e do partido bolchevique, a máquina estatal dos czares desmoronou e verificou-se o destruidor e liberador efeito de Urano, antes que as qualidades restauradoras de Saturno entrassem para estabelecer novas estruturas, fronteiras e um estilo de vida coletivo, mediante a introdução da filosofia comunista-marxista no novo Estado.

Existe alguma divergência sobre a data e a hora de nascimento da URSS. Este mapa foi calculado por computador para as 22:56 h de novembro de 1917, em Leningrado.

Um estudo do mapa para avaliar a influência uraniana pode ser muito sugestivo, pois ele incorpora vários dos principais fatores associados a esse planeta.

Urano está colocado em Aquário, enfatizando, assim, essa vibração e indicando uma afinidade com a mente e o elemento ar. Isso significa que a visão de Urano é altamente idealizada, futurista e provavelmente avançada demais para ser assimilada com facilidade e integrada à sociedade. É sempre um objetivo a ser alcançado, à semelhança dos resultados das revoluções norte-americana e francesa, em que nenhum dos dois países conseguiu concretizar os ideais nos quais se embasavam.

Urano, neste mapa, está na 7ª casa, a dos relacionamentos sociais. Embora um dos temas importantes do marxismo seja o poder da classe trabalhadora por meio da igualdade, da cooperação e da partilha do poder dentro da filosofia econômica geral, o que poderia estar refletido no Urano-Aquário de 6ª casa, creio que fazer essa associação confina o impulso da visão de Urano a um beco materialista sem saída. Sem dúvida, é um elemento forte da expressão atual da URSS, porém Urano não gosta de ficar identificado demais com o mundo de Gaia. Um posicionamento de 7ª casa refletiria a função de relacionamento, que é o desafio de Urano, e a necessidade de estabelecer uma relação entre espírito e matéria.

Muitos dos problemas atuais que a URSS enfrenta estão associados à área dos relacionamentos, internos e externos. Trata-se de um conjunto de repúblicas sob a coordenação central de uma burocracia, com grande diversidade de raças e grupos sociais e religiosos a serem integrados e unidos. É uma região extremamente grande, com problemas de comunicação, cultura e economia. Tem uma relação ambígua com o mundo internacional, com seus países satélites e com outras nações vizinhas, e uma hostil desconfiança dos Estados Unidos e seus aliados europeus causada por diferenças ideológicas. É extremamente sensível à crítica internacional em relação às medidas internas que toma contra os dissidentes e às suas intervenções em outros países; entretanto, parece que não consegue compatibilizar seus ideais com muitos de seus atos e decisões. Como Estado, muitas vezes mostrou-se inseguro, exibindo tendências adolescentes e falta de discernimento social no relacionamento com outros países. O problema básico é que a URSS se tornou uma potência mundial antes de concluir menos que uma fração de sua revolução interna, e assim, devido a atritos internos, frustrações e pressões, teve dificuldade de mudar. Até o final deste século, acredito que a URSS estará avançando em direção a uma nova forma de revolução interna para concluir sua tarefa original, particularmente porque Urano em trânsito retornará a sua posição natal de 7ª casa, no final do primeiro ciclo de trânsito completo.

Os temas uranianos do relacionamento e da comunicação estão refletidos na ênfase que a ciência e a indústria soviéticas deram à moderna tecnologia, por meio dos avanços da tecnologia espacial e dos sistemas de satélites, e do interesse pelo estudo do espaço interior e pelo funcionamento da mente, através das investigações psíquicas e exploração da PES — telepatia e ondas cerebrais eletromagnéticas.

Minha expectativa é de que isso se torne um importante interesse na URSS, principalmente se forem feitos avanços importantes, pois iria ao encontro daquela esfera da psique nacional que deseja voar pelos céus e tornar-se livre. A exploração dos reinos da energia psicocinética e da mecânica quântica acabará levando às áreas uranianas da imaginação e da visualização criativa, da "criação do pensamento"; será nessa área que a URSS encontrará um novo centro, satisfazendo a necessidade uraniana de estabelecer uma relação entre espírito e matéria. Atualmente, a balança da URSS pende muito para a percepção materialista, porém isso irá mudar. Parte do impulso do progresso tecnológico aprimorado é o uso da mente e do intelecto para nos liberar sucessivamente das fronteiras e limitações da matéria e do corpo físico, de modo que nos tornemos mais livres do domínio da natureza-Gaia. Com efeito, o primeiro passo para se encontrar a verdadeira liberdade está na relação correta entre Gaia e a nossa natureza física e o ambiente em que vivemos.

Parte do desafio que a URSS enfrenta hoje tem suas raízes no período de Stálin, quando o materialismo era exageradamente enfatizado e o culto à figura paterna e dominadora do Estado emergiu por meio do papel ditatorial desempenhado pelo próprio Stálin. Isso estava mais para um renascimento das tendências de Saturno, onde era fundamental a importância de uma forte energia terrena (refletida no Sol em Capricórnio, de Stálin); o resultado temporário foi

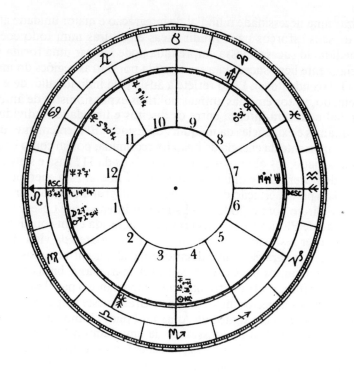

URSS 22:52 7.11.1917
Leningrado

um emperramento dos aspectos mais elevados da visão uraniana. A URSS está começando a se soltar das algemas da consciência, e inicia-se o iminente desdobramento da mente e do intelecto em direção a reinos que transcendem a lógica e a racionalidade. Está ocorrendo uma reorientação para a percepção do poder da mente. A princípio, foi esse poder visto como algo que capacita a humanidade a dominar o ambiente; agora está saindo de uma abordagem exploradora menos egoísta para o aprendizado da melhor forma de cooperar com os ciclos e processos naturais, para que a mente comece a harmonizar-se com o ambiente em vez de tentar desafiar sua supremacia.

O mapa natal da URSS mostra um Sol em Escorpião e um Ascendente em Leão. Isso indica a tendência à regeneração, ao renascimento e uma afinidade com o inconsciente coletivo e o reino de Plutão, através de Escorpião. Vale a pena lembrar que Urano está exaltado em Escorpião, de modo que essa vibração afeta, naturalmente, a expressão do propósito e do destino nacionais. Como os Estados Unidos, a URSS é um cadinho de várias raças e pode simbolizar uma necessidade mundial de integração e maior unidade através de seus esforços para fundir raças e culturas num todo coeso. A medida do sucesso nessa empreitada pode indicar uma forma potencialmente bem-sucedida a ser seguida por outras regiões do mundo. O Ascendente em Leão reflete a ânsia pela individualidade e pelo reinado, vistos em suas antigas políticas expansionistas de âmbito mundial e na luta interna entre os direitos e liberdades individuais e os ditames e exigências da máquina do Estado. Evidentemente, uma parte importante da energia de Leão foi reprimida, porém como Urano está associado aos objetivos grupais coletivos da 11ª casa e seus conceitos de fraternidade universal, o desafio é liberar essa energia individualista para a criação de uma consciência grupal, e não entrar em conflito direto com o poder do Estado. É interessante observar que a posição de Plutão na 11ª casa revela uma ferida e um conflito, um desafio a ser resolvido, um renascimento nessa área da vida. Existe também aí um paralelo com o desafio mundial que enfrentamos, quando nos esforçamos para entrar na Era Aquariana. É basicamente o mesmo conflito, onde é extremamente importante o papel da Rússia.

Há vários aspectos importantes de Urano neste mapa, todos com planetas situados em signos de Água ou Fogo. Urano em quadratura com o Sol implica a necessidade de uma luta interior pela autotransformação. Para liberar essas tensões inatas, é preciso que ocorra mudança, adaptação ou mutação, de modo que fique claro o caminho pelo qual se vai em busca do propósito individual de vida, que passa da identificação do Escorpião-escorpião para a do Escorpião-águia, da terra materialista à liberdade dos céus.

Urano opõe-se à Lua em Leão, e aí está o choque entre o governo czarista do passado e o desejo de liberdade e direitos individuais. É uma rejeição e uma negação das tradições e raízes, e da Grande Mãe, em que pode acontecer uma repressão de todos os sentimentos e valores emocionais associados — falta de amor —, sob o domínio do princípio masculino do Ar. Essa luta também se reflete na oposição com Saturno, cujos temas obrigatórios dizem respeito à interação entre a pessoa e o Estado, e ao grau em que as liberdades pessoais são permitidas na estrutura do Estado, onde os valores uranianos libertários talvez sejam capazes de corroer o padrão instituído das estruturas sociais saturnianas. A quadratura com Mercúrio indica uma certa dificuldade de comunicação, talvez excentricidade e ambiguidade de decisão e escolha; a quadratura Urano-Sol em Escorpião cria uma atitude paranóica que muitas vezes determina a natureza das escolhas feitas. Vê-se isso na criação de um cinturão protetor de países satélites, na repressão à dissidência interna, na hostilidade defensiva contra os países ocidentais. No fundo, é o medo de perder o controle.

A oposição com o Ascendente Leão é percebida no contexto mais amplo da "consciência grupal", um conceito da Era Aquariana relacionado com unidade dentro da diversidade, e a sinergia, em que a expressão e o poder do todo são maiores que a soma de suas partes. Tanto Urano como Leão afirmam o valor da individualidade singularizada, porém esse choque diz respeito ao autodesenvolvimento dentro da progressão evolucionária do correspondente grupo ou Estado. Os conceitos de comunismo e poder coletivo, em que o povo trabalha junto em prol de benefícios mútuos, será re-percebido e empregado de forma mais eficaz.

Nota-se que muitos dos conceitos emergentes da Era de Aquário envolvem uma nova fusão entre os ideais da democracia e do comunismo, e o surgimento de uma relação correta entre os impulsos materialistas e espirituais. A URSS terá um papel fundamental nesse processo.

CAPÍTULO 5

Urano nas Casas Natais

A posição de Urano por casa revela a área de experiência de vida da pessoa em que são mais atuantes as características desse planeta. Essa casa em particular é a passagem por onde é transmitida a energia transpessoal de Urano, por meio de um processo de mudanças periódicas e, em alguns casos, do encontro com o "destino" individual, se a pessoa tiver um papel a desempenhar como canal humano da mensagem uraniana.

A casa natal pode indicar a porta de entrada na vida de experiências inesperadas e não usuais, as do tipo que trazem em sua esteira mudanças permanentes. Essas mudanças podem ser "positivas" ou "negativas", dependendo do que a pessoa esteja "atraindo" para si; tanto podem surgir oportunidades como experiências traumáticas que, repentinamente, deixam em frangalhos as emoções. Entretanto, mesmo em meio à dor e ao sofrimento, pode-se descobrir alguma coisa positiva capaz de dar um novo rumo ao resto da vida.

A casa é a área de vida onde a pessoa demonstra com mais facilidade a energia de Urano, tanto suas tendências positivas quanto as negativas. É uma energia que pode ser usada para estimular e despertar talentos latentes. Muitas vezes é nessa área de vida que são vivenciadas mudanças pessoais profundas e de longo alcance, e onde a ânsia interna de renovação e transformação se faz sentir com mais intensidade. Muita coisa depende da natureza da pessoa e de sua capacidade de mudar; Urano nunca estimula mais do que a pessoa é capaz de assimilar e, por isso, não se pode afirmar com segurança o grau de profundidade da mudança que Urano pode provocar em cada um.

Para o indivíduo, a casa reflete aspectos da vida em que é mais forte o impulso de ser único e livre. Um posicionamento de 9ª casa, por exemplo, implica uma revolução no nível mental, por meio do intelecto e dos pontos de vista religiosos/filosóficos. Provavelmente haverá uma reação contra as tradições sociais e uma necessidade de descobrir uma visão de mundo que seja peculiar e apropriada àquela pessoa. Contudo, seja qual for a casa ocupada por Urano, haverá um impulso para destruir e desafiar o *status quo* e as convenções. Além disso, a natureza da casa indica o tipo de amigos preferidos e o tipo de grupos sociais a que a pessoa acabará se associando, devido à "gravitação natural" das mentes semelhantes.

URANO NA CASA 1

A primeira casa é a área do autodescobrimento e da expressão da individualidade única. Como o começo dessa casa é o ponto do Ascendente, ela simboliza o nascimento de uma nova pessoa; o restante da "roda das casas" cobre as áreas do cotidiano que serão exploradas e expressadas ao longo da vida.

Urano, neste posicionamento, tende a desbaratar os esforços para desenvolver uma personalidade relativamente estável; para qualquer pessoa com esse posicionamento, sentir-se interiormente em paz com sua própria natureza será um desafio permanente, graças à sensação de movimento e mutabilidade.

Provavelmente, aqui é necessária uma nova percepção, um novo relacionamento com o eu interior, que está além da personalidade em constante mudança. Deve-se entender claramente que a personalidade é uma máscara, uma fachada para o convívio social, e que sua verdadeira natureza é multifacetada e variável. O indivíduo não deve identificar-se com essa persona; talvez seja preciso proceder a um certo afastamento dos níveis superficiais da mente, das emoções e do corpo, para poder encontrar um ponto mais profundo de estabilidade dentro do eu. Entre as muitas técnicas para atingir essa nova integração, uma das que podem ser usadas com proveito é o exercício de des-identificação empregado na psicossíntese.

Urano estimula em você a vontade de ser extremamente "único", excêntrico e errático, fazendo com que se sinta forçado a representar, para passar a sua platéia a imagem de diferente. Se nada for feito, é provável que você sinta uma certa dose de dificuldade e desassossego, achando que não tem um centro estável ou permanente. Para evitar essa sensação, pode ser que você se lance num remoinho de atividades externas superficiais, para poder perceber-se e inferir um "centro" a partir da reação dos outros; além disso, sobrará menos tempo para preocupar-se consigo mesmo e vivenciar a sensação de carência.

Urano exige uma revolução de identidade. Essa mensagem pode chegar até você através de uma série de fontes; podem haver choques súbitos e inesperados que provoquem percepções e *insights* pessoais; pode ser que você se depare com oportunidades "surgidas do nada", principalmente aquelas que o levarão a novos ambientes, dando-lhe condições para recriar a sua individualidade com pessoas desconhecidas ao tirá-lo de seus padrões habituais de comportamento; podem haver experiências violentas que mudam a vida e instauram um caos temporário, impondo-lhe as mudanças. Periodicamente, Urano incita-o a reagir, tentando colocá-lo no caminho da transformação.

Você é motivado pela liberdade e pela necessidade de ter um modo de vida não convencional, o que não favorece o desenvolvimento de um estilo estruturado e rotineiro. Você se excita com mudança e variedade; com esse espírito irrequieto, haverá na sua vida muitas mudanças de atitude, de rumo, de crenças, de relacionamentos. Prisioneiro de suas necessidades e de tendências muitas vezes egoístas, é possível que você aja com falta de sensibilidade e de preocupação com os outros, e sua obstinação pode causar atritos com os parceiros íntimos.

A sua personalidade é capaz de confundir e frustrar os outros. Às vezes ela muda tanto e tão depressa — faceta amplificada pela ânsia por novidades — que pode introduzir traços de incoerência e falta de confiabilidade. Talvez seja preciso moderar esse aspecto de modo consciente, principalmente porque é provável que você queira envolver-se com grupos alternativos e futuristas, onde poderá aspirar a cargos de liderança. Se tiver conseguido encontrar um centro mais profundo, além da personalidade superficial, esse tipo de atividade pode ser o ideal no seu caso.

O desafio que você enfrenta é permitir que a energia uraniana transforme a compreensão e o senso do eu. Isso envolve uma busca para descobrir quem e o que você é, e em seguida afirmar a sua singularidade. A reação inconsciente a essas necessidades restringe-se ao âmbito daquela frágil personalidade superficial, o eu "ator", quando o que é realmente preciso é alcançar uma integração mais profunda para incorporar a nova criatividade vital de Urano.

URANO NA CASA 2

As questões em pauta neste caso são os recursos, posses e valores. Urano exige mudanças nessas áreas da vida e induz você a realizar os ajustes necessários.

À medida que você vai se desenvolvendo na vida, naturalmente adquirirá posses, conhecerá seus talentos e dons pessoais e estruturará um conjunto de valores pessoais que funcionam como um guia para escolher caminhos e tomar decisões. O importante é o significado atribuído à "substância material" e à relação interna com essa substância. Muitas vezes as atitudes sociais são inconscientemente adquiridas durante a programação da infância, feita pelos pais ou pela comunidade em geral. Essa programação pode acontecer de várias formas. Se a família não tiver posses, pode surgir a vontade de ficar rico para desfrutar a prosperidade material; os valores e significados podem ter sido impostos por meio de pressões sofridas pela criança no sentido de ser bem-sucedida na escola e aumentar o *status* da família, o que a fez conseguir um diploma universitário; a frugalidade e a economia foram valorizadas; foi dada importância ao desenvolvimento dos talentos pessoais ou, inversamente, eles foram negados ou frustrados por circunstâncias familiares, como aquela garotinha pianista que precisou parar de estudar porque a família não pôde pagar suas aulas. Essa programação pode se desenvolver de várias formas, algumas com impacto positivo, outras com impacto negativo.

Na idade adulta, muitas atitudes já estão fixadas na psique, e as necessidades de conquistar independência, montar uma casa e constituir uma família também contribuem para as escolhas, a frustração e os desejos pessoais. O senso de identidade e *status* pode passar a depender demasiadamente dos bens materiais. Pode ser que a preocupação em alcançar sucesso material e prosperidade se torne dominante na vida, acima de qualquer outro interesse. Também pode acontecer de as pessoas nascidas sob tais circunstâncias virarem as costas à ostentação da riqueza, repudiando a "herança familiar" (pelo menos enquanto são jovens e idealistas...).

Cada um de nós tem alguns padrões internos que dominam nossas atitudes, escolhas e escalas de valor. Esse posicionamento de Urano questiona os padrões assumidos, sugerindo que ali é preciso fazer uma pequena revolução. Talvez você precise desbloquear os canais que inibem seus dons e talentos criativos inatos que ainda não conseguiu exteriorizar, quem sabe por falta de confiança, de determinação ou de oportunidade. Avalie suas habilidades e os talentos latentes, faça um inventário dos seus trunfos inexplorados; eles têm a potencialidade de mudar a sua vida e libertar você de uma situação que não lhe convém. Infelizmente, a maior parte das pessoas é subaproveitada, e se mortifica em empregos que nada exigem, limitando as opções de vida. Pode estar na hora de você acordar, examinar de perto seus recursos e suas posses, e pensar numa forma de usá-los com mais sabedoria e eficácia, principalmente se estiver descontente com alguns aspectos da sua vida. Quais são os seus valores na vida? Você ao menos sabe quais são? Escreva o que é realmente importante para você, o que realmente gostaria de fazer na vida. É isso que está de fato fazendo? Provavelmente não... mas pode haver uma forma de chegar lá, desde que sejam feitas determinadas mudanças. Muitas vezes, nos acomodamos, ficamos com o segundo lugar por conveniência; caímos na velha rotina, sonhando com o que preferiríamos! Urano diz: "Mude, tente tornar real o sonho!". A única certeza é que só temos uma vida — apesar da teoria de reencarnação —, e em geral a sociedade nos incentiva a desperdiçá-la completamente, e, por passividade e por medo, nós colaboramos. É isso o que realmente queremos? Deixamos as coisas para amanhã, dizendo "Bom, um dia vou fazer isso, ou aquilo, quando tiver tempo...". Poderíamos realmente viver assim se aceitássemos a verdade da frase: "Qual a duração da sua vida? A mesma de uma respiração!"? Pensar desse modo poderia levar pessoas inconscientes a comportamentos extremistas, mas, sem dúvida, se quiséssemos, nós todos poderíamos melhorar muito nossa vida.

Urano pode trazer riqueza ou pobreza, dependendo do que for necessário. Você pode ter facilidade em ganhar dinheiro, crescer demais, e em seguida cometer um erro e perder tudo. O segredo é a programação interna. Recursos, talentos, posses e valores pessoais podem construir ou destruir uma vida. Use os seus com sabedoria.

URANO NA CASA 3

Esta casa envolve os planos da mente e da comunicação social, ambos com afinidade com Urano, porém podem ser expressados num estilo bem menos unificado, devido à excentricidade não convencional.

É principalmente com o plano inferior da mente — o aspecto separatista analítico — que esta casa está relacionada, com ênfase na percepção científica, na lógica, na racionalidade e na impessoalidade. Urano confere a atração por áreas menos comuns de investigação e aumenta a capacidade de pensar livremente, o que muitas vezes pode estar ausente em mentes analíticas, que são capazes de dissecar, mas não de ver o quadro todo. A individualidade uraniana também resiste à influência de outras mentes, em geral insistindo no direito de sustentar suas próprias opiniões diferenciadas, que muitas vezes são muito menos diferenciadas do que a pessoa quer acreditar.

Você tem uma natureza exploradora do ponto de vista mental e físico; deixa-se levar pela curiosidade, acha necessário ter novos horizontes e novas idéias. Às vezes, a rapidez do seu intelecto pode levar a percepções que beiram a intuição, porém o grau de lógica associativa pode ser errático, daí os freqüentes saltos. Às vezes isso o leva a conceber idéias e planos sem praticidade, e o seu entusiasmo pode fazer com que omita fatores vitais ao formulá-los, ou que salte etapas importantes ao executá-los. A estruturação dessas idéias é seu ponto fraco, pois você está primordialmente interessado na idéia em si e não no trabalho necessário para concretizá-la no plano físico. A sua mente tende a ser agitada e mutável, sempre pronta a se lançar numa nova "idéia brilhante" ou informação que chame a sua atenção.

Refletindo as preocupações uranianas, você se sente atraído por conceitos revolucionários e progressistas em qualquer área de seu interesse (raramente seu interesse é pelo estudo do passado, a menos que necessite de dados para a fundamentação). No fim, pode ser que a expressão seja por meio de palavras, escritas ou faladas; a revolução física, ativa, não faz o seu gênero. Com isso você se aproxima de grupos e pessoas de mentalidades semelhantes, o que pode ajudar a dar um centro à sua vida.

A terceira casa envolve o emprego da inteligência na adaptação ao ambiente; uma abordagem razoavelmente pragmática, porém uma habilidade necessária para viver. Refere-se ao "aprender a fazer", a capacidade de funcionar adequadamente dentro da estrutura de uma sociedade em particular, e isso implica um certo grau de especialização restritiva para se viver da maneira adequada. Urano, provavelmente, subverterá esse quadro de duas maneiras: primeiro, é necessário reorientar a atividade da mente analítica, voltando-se para uma estrutura de síntese mais unificadora — juntar grande quantidade de fragmentos num todo coeso, criando um centro de inteireza revelador que, então, vai refletir uma percepção totalmente nova da vida. Essa é a tendência do futuro, e você pode colaborar no sentido de que esse sonho se torne realidade. A segunda tarefa talvez seja secundária, mas mesmo assim é importante à pessoa. Trata-se de aprimorar a sua própria adaptação e funcionamento na sociedade, e a comunicação com os outros. Para tanto, pode ser preciso ter mais autodisciplina para dar um foco à mente e direcionar o talento de modo que as idéias sejam mais bem usadas. Isso significa dar às idéias e aos pensamentos efêmeros uma base de sustentação na matéria, tornando-os tangíveis e aplicáveis na prática. Todo avanço na direção dessas metas ajudará muito a revolução nesta casa.

URANO NA CASA 4

Com este posicionamento, ganham destaque os temas da família, das origens e raízes da vida. A sua infância provavelmente foi palco de alguma ruptura ou de um estilo de vida incomum; isso pode ter-se manifestado de uma série de formas, resultando tanto em instabilidade quanto numa infância mais interessante e excitante.

No mundo de hoje, esse fato freqüentemente se manifesta sob a forma de dificuldades no relacionamento entre os pais, em atritos familiares e divórcio. Subseqüentemente, o pai ou a mãe acabam saindo de casa e os filhos se vêem lançados numa atordoante situação emocional, em que o conflito entre os pais e a própria imaturidade emocional dos filhos conspiram para criar problemas íntimos de ajustamento. Até os adultos têm dificuldade em lidar com essas crises traumáticas; as crianças muitas vezes as bloqueiam, às vezes deteriorando em associações de culpa, com elas se responsabilizando pelo colapso da relação dos adultos.

Pode haver freqüentes mudanças de casa, talvez por decisão dos pais ou por razões profissionais. Periodicamente a criança é arrancada do ambiente familiar e dos amigos, é forçada a enfrentar "novos mundos desconhecidos" e ficar sozinha (ao menos temporariamente); ela se vê obrigada a uma rápida adaptação a novos lares, novas escolas e novos amigos, e até a outros países. Esse estilo de vida na infância pode ser benéfico ou prejudicial; muita coisa vai depender da idade da criança, do apoio dos pais, do estágio individual de desenvolvimento e da capacidade de lidar com um ambiente em mudança. De várias formas, pode acelerar o processo de desenvolvimento, quando a criança aceita logo a responsabilidade e, sensatamente, age e decide com inteligência; além disso, propicia uma percepção mais ampla das variedades e diferenças que a vida apresenta, através do contato com diferentes comunidades ou países. Contudo, pode também criar um padrão de instabilidade, a falta de raízes, a necessidade de modificar o "eu" sem ter um centro estável a partir do qual operar.

Em alguns casos, o lar pode ter sido um ponto de reuniões sociais, menos voltado para a família; um local usado pelos pais para promover encontros relacionados com seus interesses sociais, políticos, religiosos, culturais etc. Pode haver aí um aspecto positivo — conhecer um leque mais amplo de pessoas — e também "negativo", na medida em que a falta de atenção e de interesse dos pais sempre ocupados pode levar à fragmentação dos vínculos de relacionamento. Talvez essas crianças fiquem soltas demais, porque os pais precisam de tempo para cuidar de seus próprios interesses, e dessa forma se desenvolvam sem a disciplina necessária, fazendo quase tudo que desejam; o resultado, na idade adulta, poderá ser a dificuldade em assumir responsabilidades e obrigações que a vida impõe.

Seja qual for a natureza das raízes familiares, elas afetam as bases psicológicas do indivíduo em crescimento e acabam desempenhando um importante papel no processo de decisão do adulto. Urano sugere a necessidade de uma nova postura com respeito a essas raízes adquiridas ou herdadas. A reação contra os antecedentes sociais, étnicos ou econômicos da família pode determinar as escolhas futuras, talvez na tentativa de escapar às origens, transcendê-las ou provar que, apesar delas, é possível chegar ao sucesso. Este pode ser um fator grandemente motivador.

A questão em pauta é a integração, a estabilidade e a criação de um centro psicológico firme que possa funcionar como ponto focal do eu, dando um rumo consciente à vida adulta. É esse o desafio representado por Urano: a necessidade de estabelecer novos alicerces para poder sentir e aproveitar a vida de maneira mais plena. A sensação de instabilidade interior precisa ser transformada num centro mais profundo, mais integrador, capaz de dar uma expressão ímpar à criatividade pessoal e funcionar de modo positivo.

URANO NA CASA 5

Este posicionamento implica a súbita exteriorização de "energia baseada nas emoções", em que o envolvimento com o mundo exterior, as pessoas e as expressões criativas são a principal esfera de atividade.

Em essência, isso ocorre através da projeção de energia de raízes emocionais, englobando desde a naturalidade do ato de apaixonar-se até as criações artísticas inspiradas e a busca de prazer, diversão, alegria e excitação. Provavelmente vai faltar autodisciplina, pois você é capaz de entregar-se facilmente a casos de amor passageiros e aos atrativos de uma vida livre de responsabilidades. Pode haver um elemento de imaturidade e alguns comportamentos infantis. Embora isso não seja necessariamente "mau", muitas vezes se manifesta em momentos inoportunos; os outros podem exigir que você cresça.

É como se algum objeto vivamente colorido chamasse a sua atenção, e você, fascinado, sentisse vontade de tê-lo; seus desejos emocionais projetam-se no exterior, e você é impelido por eles em direção ao objeto — para descobrir, depois de possuí-lo e examiná-lo por algum tempo, que ele não era assim tão fascinante. Entretanto, na ânsia de concretizar o seu desejo fugaz, você pode criar problemas e causar sofrimento aos outros. Isso se aplica em especial aos relacionamentos, onde são possíveis as tendências de desejar novos parceiros, de experimentações e promiscuidade.

Dificilmente você terá uma vida amorosa monótona e estável. A necessidade de impor a sua vontade — muitas vezes expressada sem a devida sensibilidade — é muito comum e pode gerar atritos.

Os filhos provavelmente vão desempenhar um papel importante na sua vida; a tendência será criá-los com considerável liberdade, o que pode ser uma faca de dois gumes, principalmente se houver relutância quanto à disciplina e ao grau de atenção e orientação às necessidades deles.

É provável que você tenha habilidade artística e aprecie a arte. Você pode ter um talento natural para a pintura, a música, a literatura, ou para se apresentar nos modernos veículos de comunicação. Nessa área talvez haja algum tipo de entrave em conseqüência da falta de perseverança e disciplina, mas não da falta de confiança na sua própria capacidade ou nas suas habilidades em potencial. O seu problema pode ser assumir o compromisso de ir até o fim, pois você prefere ser livre para buscar o que o fascina, sempre que isso acontecer. Urano representa a necessidade de uma mudança nessa área da vida, pois a modificação dessa tendência pode resultar em sucesso.

URANO NA CASA 6

Os temas básicos dos desafios e oportunidades de mudança nesta casa estão associados ao trabalho, à prestação de serviço e à saúde.

Como Urano reage contra a imposição de tarefas repetitivas e rotineiras, você poderá enfrentar dificuldades na esfera do trabalho, especificamente quanto a gostar do emprego e' ser capaz de mantê-lo. É essencial que a função que você desempenha seja estimulante e desperte interesse verdadeiro, caso contrário é bem possível que você sinta um grau considerável de descontentamento e frustração no ambiente de trabalho, o que pode ocasionar mudanças periódicas de emprego e gerar instabilidade nessa área. Até na infância esse fator pode se manifestar, como falta de persistência e de capacidade de prestar atenção às aulas por períodos prolongados; mesmo tendo sido uma criança inteligente, as oscilações na capacidade de concentração e aplicação podem ter causado um efeito prejudicial no seu aproveitamento escolar.

Você precisa do máximo de liberdade na esfera do trabalho, onde certamente vai se ofender se for submetido a uma supervisão rigorosa. Provavelmente com o tempo precisará adquirir e desenvolver a capacidade de maior concentração na tarefa do momento e o uso disciplinado da inteligência para fins produtivos e práticos. Sua tendência é viver muito no mundo das idéias e não concretizá-las.

É possível que você tenha boa capacidade de trabalhar com a moderna tecnologia, com novidades científicas ou em funções ligadas à informática. Existe interesse pelos avanços tecnológicos, o que representa um apelo para a dimensão futurista de Urano. Provavelmente a satisfação nessa área da vida levará algum tempo para chegar; esperam-se mudanças de trabalho e de carreira.

A saúde pode ser outra fonte de mudanças pessoais. Pode ser que o seu corpo físico adoeça periodicamente, talvez em resposta à energia de Urano, que é altamente estimulante e tumultuosa. Também pode ser que você seja subitamente acometido de alguma doença séria ou incapacitante, provocando uma ruptura no seu modo de vida. Esse fato não precisa ser tão negativo quanto parece; provavelmente é a oportunidade de encontrar um possível caminho oculto, que, se for reconhecido e seguido, poderá causar uma transformação positiva na sua vida. Como conseqüência, você poderá experimentar pessoalmente terapias alternativas e não convencionais (que hoje em dia proliferam e fixam raízes na sociedade).

Você poderá encontrar um lenitivo para as doenças nas abordagens baseadas em conceitos holísticos de cura, ou mesmo interessar-se em aprender essas técnicas. A conseqüência — uma forma totalmente nova de viver e perceber a vida — pode ser o objetivo do estímulo de Urano.

Esse caminho também levará ao aprofundamento da sua relação com os outros, por meio do intercâmbio dessas idéias não convencionais ou da prática de tratamentos. Se você se transformar em alguém que os aplica, conseguirá regular melhor o fluxo da sua energia, tornando menos evidente a vibração errática de Urano. Além disso, a natureza elétrica dessa energia será extremamente útil, em especial no caso de técnicas de massagem e manipulação ou cura pela aura, que exigem contato físico. Sem dúvida, o conhecimento dos reguladores e ajustadores do corpo, por meio de ervas, homeopatia, acupuntura etc., ajudará consideravelmente a abrandar a tensão e o estresse internos criados pela alta vibração nervosa de Urano. Ajudando os outros, você poderá descobrir uma forma satisfatória de trabalho que preencha suas necessidades.

URANO NA CASA 7

Nesta casa natal, Urano atua na esfera dos relacionamentos pessoais; é muito pouco provável que você tenha parcerias lineares e tranqüilas.

Em conseqüência, o tema da relação e o que ela envolve e requer das pessoas passará a exigir um grande esforço da sua parte. Todo mundo precisa passar por algum tipo de ajuste ou modificação de comportamento em todos os relacionamentos sociais, talvez com mais intensidade nas parcerias íntimas ou no casamento, em que as pessoas moram juntas. Pode ser que você tenha dificuldade para fazer as mudanças necessárias ou ressinta-se de fazê-las — é o reflexo da tendência extremamente individualista e rebelde de Urano. Obstinado, dono da razão, pode ser que você nem sequer entenda por que terá de se adaptar para que o relacionamento se mantenha e evolua. Sem dúvida virá à tona a questão da liberdade; a sua insistência em manter a liberdade e fazer as coisas a seu modo provavelmente criará conflitos. Às vezes, sua insensibilidade em relação aos correspondentes "direitos" do outro criará um nítido contraste com algumas idéias sociais progressistas que você sustenta.

O compromisso é outra área problemática. Provavelmente você tem acentuadas mudanças de humor e de atitudes e seus interesses podem desaparecer com surpreendente rapidez; muitas vezes a exigência de liberdade e expressão individual não passa de disfarce para essa oscilação interna, pois você sabe o quanto pode ser instável e imprevisível. Soma-se a isso a ânsia por novos estímulos e talvez por novos parceiros. A idéia de uma ligação voluntária a uma pessoa pode amedrontá-lo, pois você receia a restrição e a limitação. Fugir dos relacionamentos de qualquer intensidade pode, de fato, fazer com que você se restrinja unicamente a casos superficiais.

Muitas mudanças na sua vida serão desencadeadas pela natureza e pelo resultado dos seus relacionamentos sociais e íntimos. Romances, casamentos e divórcios podem acontecer de repente, graças aos comportamentos imprevisíveis — tanto seus como dos outros. Nessas situações, sua vida pode virar de cabeça para baixo, e até mesmo a sua exigência de liberdade num relacionamento pode, de repente, tornar-se liberdade sem parceiro algum! Esses relacionamentos terão um traço de não-convencionalidade, possibilitando as experiências incomuns e não usuais, principalmente se você estiver querendo desafiar tabus sociais.

Talvez você precise descobrir e aclarar, para si mesmo, a função dos relacionamentos na sociedade, saber de que forma você os conduz e qual o objetivo deles. Urano está tentando levá-lo a uma nova compreensão dos relacionamentos, para que você possa encontrar a verdadeira liberdade dentro deles, em vez de viver sempre tentando rompê-los e ficar sozinho. É preciso superar esse aspecto destrutivo que muitas vezes você introduz no relacionamento; isso faz com que você reaja à pressão de crescimento, achando que as tensões são insolúveis e procurando desfazer os laços afetivos. Na verdade, uma nova abordagem dessa área da vida poderia abrir as portas para formas inteiramente novas de relacionamento, em que as pessoas vivam juntas em relativa harmonia, mas suficientemente livres para seguirem seus próprios caminhos num clima de parceria consciente, em vez de imporem exigências exclusivamente unilaterais, ignorando as necessidades e a sensibilidade do outro. Se você conseguir modificar essas tendências naturais, poderá ter relacionamentos de valiosa profundidade, que no devido tempo irão satisfazer, de fato, as suas necessidades.

Urano na Casa 8

Há várias formas de atuação da influência de Urano natal posicionado na 8ª casa. Ela varia desde o enfoque nas posses materiais até o interesse por mundos ocultos que residem sob as aparências.

Isso também pode implicar uma crise na relação entre o eu e os outros; faz-se necessária uma nova compreensão e expressão, para que novas potencialidades sejam reveladas. É um processo mais profundo de relação social que pode ser explorado, abrindo espaço para a revelação e a comunicação de percepções.

Na base de tudo estão os temas de transitoriedade, de morte e renascimento. Sua vida pode ser palco de mudanças que reflitam esses temas. É possível que surjam heranças inesperadas através de uma perda na família — em meio a dor será proporcionada a oportunidade. Os empreendimentos comerciais ou os casamentos podem ruir, lembrando-lhe que nada na vida é para sempre. A percepção da mudança e a consciência de que a vida e os seres amados podem escorregar por entre os dedos podem desestabilizar drasticamente qualquer segurança íntima, em especial se estiver baseada em princípios materiais.

Certamente você perderá algo ou alguém importante em sua vida, e aí estará o catalisador do início do processo de busca. Será um questionamento para descobrir um alicerce sólido na vida e como lidar com essa transitoriedade que, quando vivida de forma negativa, poderá tirar a cor e a vitalidade de tudo. Torna-se necessário, então, um renascimento, através do qual, com atitudes mais sábias, você estará mais preparado para enfrentar a realidade. É o renascimento que acontece através da investigação da realidade interior oculta sob as aparências superficiais, e também da ciência ou do ocultismo, onde a sensação de sondar novas dimensões poderá estimular e excitar a mente. Entretanto, muitas vezes é o amadurecimento do seu plano emocional que se faz necessário para que você seja capaz, também, de criar relacionamentos mais profundos com os outros. Esse renascimento não é apenas uma necessidade pessoal, mas está associado à natureza dos seus relacionamentos sociais, pois o desenvolvimento pessoal também deve ter repercussões sociais benéficas. Ao descobrir um novo eu, você vai perceber uma nova forma de se relacionar socialmente que expresse o seu lugar e a sua função na teia coletiva.

A sexualidade também pode ser uma faceta da sua natureza através da qual Urano opera mudanças. Na sua vida, a atividade sexual pode ser muito importante e provavelmente determinará algumas de suas escolhas. Urano incentiva uma abordagem não convencional dessa realidade adulta, onde provavelmente você encontrará uma esfera de atuação considerável e variada. Isso ocorre quando há aspectos com a Lua, Vênus ou Marte natais. A sua sexualidade vai contribuir para a formação e a dissolução de parcerias e, dependendo do impacto que elas causam em sua vida, Urano tomará esse caminho para lhe proporcionar as lições necessárias. Isso inclui até passar de um certo distanciamento e desligamento emocional para experiências mais envolventes, intensas e emocionais nos relacionamentos. Essa conquista poderá resultar em renascimento numa importante área da sua vida.

URANO NA CASA 9

O que Urano está tentando com este posicionamento de nona casa é provocar uma mudança revolucionária na sua visão do mundo. Como todas as outras pessoas, você cresceu sob a influência de formas de pensamento, atitudes e crenças coletivas. Elas formaram os conceitos sociais condicionadores decorrentes dos ensinamentos religiosos, filosóficos/morais e educativos que constituem a estrutura da sociedade em que você vive. É o processo de socialização, através do qual a criança aprende a viver de acordo com os parâmetros socialmente aceitos por determinada cultura. O pensamento da maioria das pessoas é basicamente a repetição do que elas foram condicionadas a pensar; são poucas as que se tornam "mentes livres". Entretanto, essa abordagem instila ordem na sociedade, uma vez que as tradições históricas e os padrões instituídos de pensamento são herdados e transmitidos de uma geração para a outra.

Por outro lado, esses padrões mentais fixos criam os problemas. Eles inibem a exploração, fazendo com que pensamentos desse tipo sejam tachados de heréticos; eliminam o questionamento do *status quo*, criando dissidentes, que são vergados sob o peso do Estado; negam e coíbem a ocorrência das mudanças necessárias, caso seus resultados sejam desestabilizadores; ignoram as conseqüências das escolhas feitas segundo as visões fixas do mundo e da cultura, porque, se não o fizerem, o edifício de suas crenças políticas e religiosas ruirá ao se revelar ultrapassado e inadequado.

O que Urano espera é que você rompa com esses paradigmas mentais restritivos. Provavelmente existe em você um espírito revolucionário inclinado à livre expressão de uma individualidade própria e singular. Urano na 9ª casa estimula essa necessidade, para que você possa respirar com liberdade, ao invés de sufocar. Sem dúvida não será um gesto fácil, já que envolve espanar do pensamento coletivo a poeira acumulada durante séculos, de modo que se possa vislumbrar algo mais que se tenha perdido. O problema é que, enquanto a pessoa não acordar para a existência desse condicionamento social, ela não perceberá a profundidade de seus efeitos. A maior parte da identidade pessoal tem suas raízes nesse solo, e só são permitidos os ângulos de reflexão da autopercepção dentro de um determinado contexto social; o resto são "áreas tabus" onde a repressão social se estende às palavras e aos pensamentos.

Se você atingir um novo paradigma mental e encontrar uma maneira de experimentar e perceber a natureza da vida, terá renascido. Por seu intermédio surgirão idéias e visões avançadas, progressistas e utópicas (refletindo a Ideação de Urano); você passará a inspirar outras pessoas que buscam saídas para o impasse em que se encontram. Formas de expressão como o ensino e a publicação permitirão que o seu "sopro" seja lançado ao mundo para que o processo de mudança e liberação seja estimulado. Mas não será fácil arrancar as raízes da sua mente e da sua identidade e em seguida replantá-las num cenário totalmente novo do universo. Comece fazendo uma pausa, olhando para dentro de si e considerando o que realmente pensa e sabe. O que você vê foi absorvido por meio de condicionamento? Basicamente, pergunte a si mesmo: "Quem sou eu, e o que estou fazendo aqui?". A "resposta" pode ser uma experiência contínua, o início da sua revolução pessoal.

URANO NA CASA 10

Os desafios apresentados com este posicionamento dizem respeito a seu relacionamento com a sociedade, ao seu papel e a sua função na expressão coletiva da sua geração. Envolvem os seus desejos e a expressão de suas tendências individuais, bem como a possível contribuição que você possa dar.

Provavelmente há em você um impulso interior para ser bem-sucedido socialmente, conquistando prestígio, *status*, autoridade, poder e influência. O emprego da sua forte vontade pode tornar tudo isso bastante possível, porém muita coisa vai depender da imprevisível atividade uraniana e do fato de ela minar ou não os seus esforços conscientes. Talvez você seja capaz de organizar-se bem, de progredir por meio da disciplina e do trabalho, porém muita coisa vai depender do modo como você percebe suas relações e obrigações sociais.

Se o motor do desejo for puramente pessoal, apenas para gratificar o ego, ter poder sobre os outros, *status* social ou lucros financeiros, sem dar a devida atenção aos demais ou às conseqüências sociais de suas decisões, Urano pode concorrer para impedir a marcha do progresso, talvez por meio da influência de outras pessoas do seu círculo social, ou permitindo que a sua arrogância deixe evidente demais várias características suas que são prejudiciais. É possível que isso aconteça com freqüência na área de negócios ou na política, onde haverá dificuldade para manejar com êxito a dinâmica das estruturas de poder da elite. Suas ambições podem ser frustradas, talvez por uma falta de respeito uraniana por um patrão ou alguma autoridade hierarquicamente superior.

A sua relação com a autoridade muitas vezes pode ser difícil e suscetível; é possível que você tenha sentimentos ambíguos em relação ao poder. Torna-se necessário promover um ajuste nesses sentimentos, para que você consiga desenvolver seu próprio poder pessoal em vez de provavelmente coibi-lo. Se você conseguir aceitar seu próprio poder, mudarão também suas atitudes e sua compreensão dos papéis e das funções das autoridades e do poder.

Você estará realmente tentando encontrar o seu papel e sua função na sociedade, um processo próprio de integração potencial no todo. Você poderá fracassar e tornar-se um revolucionário reacionário, que se alimenta de energias negativas rejeitadas e reage ao próprio fracasso de forma basicamente destrutiva.

Entretanto, o caminho mais adequado talvez seja tornar-se pioneiro de novos métodos e conceitos, para onde o levarão o humanitarismo liberal e a política social extremista, satisfazendo o impulso uraniano da mudança social voltada para o futuro. Como sempre, você exigirá tanta liberdade quanto possível, reagindo como um animal enjaulado se ela lhe for negada. Essa necessidade pode desembocar numa carreira ou profissão incomuns, e quem sabe, com o tempo, seus pontos de vista inovadores o tornem um líder ou porta-voz de alguma causa idealista ou desenvolvimento científico. Isso vai depender da capacidade de gerar poder pessoal e aplicá-lo de forma socialmente influente, o que provavelmente não acontecerá do dia para a noite, mas virá em conseqüência do seu esforço e persistência no rumo escolhido.

URANO NA CASA 11

Enquanto a quinta casa diz respeito à criatividade pessoal, a casa 11 refere-se à dimensão social da consciência e criatividade grupais, e também a mudanças no paradigma social predominante na sua sociedade e cultura. Urano fará com que você se envolva com a cooperação grupal que visa atingir os ideais sociais e filosofias, que, acredita-se, ajudem a sociedade a funcionar melhor e incentivem as pessoas a levar vidas mais satisfatórias. É claro que isso poderá provocar situações conflitantes com outros grupos que tenham opiniões diferentes.

Sua propensão é fazer parte de um movimento social, provavelmente humanitário, libertário e sintonizado com os ideais da fraternidade mundial, a Família. Se Urano se expressar fluentemente nessa posição (ou seja, com aspectos harmônicos) é provável que você tenha a mente aberta e receptiva à Mente Coletiva Superior/Universal, captando intuitivamente a fonte das idéias-sementes progressistas. Em associação com outras pessoas, você poderá determinar o seu papel social, que provavelmente será dar voz coletiva às idéias reformistas, pois o todo "fala" por meio de uma consciência grupal unificada e revela seu propósito e intento evolutivos à humanidade.

Essa participação grupal, em níveis interior e exterior, será um fator central na sua vida e proporcionará direção, disciplina e significado a ela. Muitos de seus amigos surgirão dessas associações com grupos. Entretanto, se Urano tiver aspectos desafiadores, poderão surgir problemas criados por esses mesmos relacionamentos ou por sua vontade de ser extremamente individualista, em detrimento do objetivo do grupo. A ânsia de ser livre e a discutível capacidade de assumir compromissos podem estimular esses problemas, que também vão se repetir nos relacionamentos mais íntimos. Às vezes, uma certa dose de impessoalidade pode acabar com relacionamentos que poderiam dar certo, quando, respondendo ao apelo da "liberdade", o seu senso de compromisso se desfaz, dando lugar ao desejo de exploração de novos horizontes. Além disso, você também deverá ficar atento para não dar apoio a crenças e idéias irresponsáveis e inexeqüíveis, que podem ser atraentes ao aspecto de excentricidade mental que muitas vezes acompanha as elevadas ideologias uranianas.

URANO NA CASA 12

Nesta casa, Urano envolve os conceitos de término, transição, resultados do passado e a afinidade com a mente inconsciente. Sob vários aspectos, pode ser um posicionamento desafiante que vai obrigá-lo a enfrentar poderosos padrões ocultos de hábitos ou "resíduos cármicos" que afetam sua vida, opções e escolhas.

Existe um paralelo entre a sua saúde psicológica e a da sociedade por intermédio das ligações da mente inconsciente coletiva e individual. Muitas vezes, você vai voltar ao passado, seja por causa da influência que ele exerce sobre a sua vida, seja para fugir do momento presente. Do ponto de vista emocional, provavelmente você terá "negócios inacabados" com o passado, talvez na relação com seus pais. Será preciso libertar-se dessa preocupação e dar uma solução aos estresses e divisões que o obrigam a olhar para trás; essa integração pode tornar-se essencial para o seu bem-estar psicológico e, se aparecerem problemas ligados à interpretação mental que você faz da "realidade" humana, talvez você precise de uma psicoterapia (mesmo autoconduzida) para liberar as pressões inconscientes e fazer brilhar a luz libertadora que traz à tona o inconsciente. Fugir de si mesmo e iludir-se pode funcionar durante um certo tempo para disfarçar as divisões e os problemas internos, mas estes acabarão se revelando à medida que a estrutura da personalidade for se fragmentando sob o pesado esforço de manter uma ilusão.

Ao descobrir a autocura, a pessoa participará da cura do coletivo e dará sua contribuição a ela. O aspecto mais elevado deste posicionamento encerra a possibilidade de tornar-se um canal inspirador, uma voz da mente coletiva, expressando a natural receptividade interior sob a forma de *insights*, revelação e criatividade artísticas. Isso pode surgir depois de um período de auto-exploração, que vai resultar na descoberta de um centro de identidade e consciência mais inclusivo, à medida que aspectos inconscientes do eu sejam trazidos à luz.

Sem dúvida, você precisará encarar as conseqüências dos padrões dominantes que operam por seu intermédio. Seja qual for a origem deles ou as experiências que os tenham constituído, você deverá começar admitindo a existência deles e o impacto que causam sobre você; aceitá-los como uma parte sua é o passo seguinte da integração, que vai começar a solucionar as influências mais negativas. Uma avaliação séria dessas restrições e limitações revelará também a forma de transcendê-las, indicando o caminho certo a seguir. Confrontar o "destino" não é um encontro inevitavelmente negativo; pode ser também a abertura das portas da oportunidade e do sucesso, o plantio de sementes férteis que darão início ao próximo ciclo de experiência e expressão.

CAPÍTULO 6

Ciclos de Urano em Trânsito

O ciclo completo de trânsito de Urano dura aproximadamente 84 anos. Vários outros padrões cíclicos derivam daí, baseados nos aspectos feitos pelo planeta e na sua passagem por vários signos e casas. O tempo real do ciclo de trânsito é de aproximadamente 83 anos, nove meses e três dias. Apesar da fachada astrológica de precisão de cálculo, vale a pena considerar o ciclo arredondado para 84 anos. Como qualquer astrólogo pode perceber, ao comparar as posições planetárias das efemérides e as calculadas por computador, muitas vezes não há acordo quanto a certas posições, principalmente com os planetas mais rápidos e o grau Ascendente.

Durante o ciclo completo de trânsito, Urano fará conjunção e oposição com todos os planetas uma vez, e aspectos de quadratura, sextil e trígono duas vezes. Urano tem movimento direto durante aproximadamente sete meses, e retrógrado durante os cinco meses seguintes, no período de um ano. Na mudança de estação, se Urano fizer um aspecto com um planeta natal, é provável que esse aspecto se repita três vezes. Urano transita através de cada signo a cada sete anos.

Há três ciclos importantes associados ao trânsito completo de Urano. São os ciclos de sete anos, de vinte e oito anos e os doze ciclos de sete anos cada por signos e casas.

O Ciclo de Sete Anos

O uso deste ciclo curto e simples pode ser revelador nas interpretações, apresentando um padrão de desenvolvimento que pode ser aplicado com êxito à vida adulta e às fases de expressão pessoal. É possível haver, em correspondência a este ciclo, padrões repetitivos de vida, e estes podem refletir uma confrontação permanente com aspectos da personalidade que ainda precisam ser solucionados através da maior compreensão de si mesmo. Eles podem também coincidir com aspectos de Urano em trânsito com os planetas natais, principalmente os de natureza mais desafiadora, como a quadratura, a oposição e algumas conjunções não complementares. Por exemplo, um primeiro casamento aos 21 anos, na época do primeiro ano do ciclo, desintegra-se, e o casal se separa com a idade de 27 anos. Um dos parceiros entra num novo relacionamento estável aos 28 anos, e aos 35 esse segundo casamento começa a entrar numa nova fase. Aqui se apresenta um tema repetitivo, embora a natureza do processo mude graças à maior consciência e a decisões mais sensatas, até os 35 anos, quando o relacionamento entra numa fase de renascimento e não de desintegração, como antes.

Dentro desse ciclo de sete anos, cada ano atua como símbolo de uma fase diferente do ciclo completo em termos da vida pessoal. É uma indicação das tendências gerais surgidas e o nível de significado individual e atividade capazes de levar a um sucesso maior, se houver harmonia com o ciclo. Cada "ano" começa no dia do aniversário da pessoa e termina no aniversário seguinte. Pode-se fazer um exercício interessante comparando o padrão pessoal de vida com esse padrão de desdobramento. Um exame pessoal pode revelar uma afinidade com esse ciclo, com fatos e experiências de vida em correspondência muito estreita; se for assim, é bom considerar a vida futura à luz dessas diretrizes. O primeiro ano começa no nascimento. As idades em que começam os anos seguintes estão indicadas abaixo.

Ano do ciclo e idade em que começa o ano

1º 7, 14, 21, 28, 35, 42, 49, 56, 63, 70, 77, 84
2º 1, 8, 15, 22, 29, 36, 43, 50, 57, 64, 71, 78
3º 2, 9, 16, 23, 30, 37, 44, 51, 58, 65, 72, 79
4º 3, 10, 17, 24, 31, 38, 45, 52, 59, 66, 73, 80
5º 4, 11, 18, 25, 32, 39, 46, 53, 60, 67, 74, 81
6º 5, 12, 19, 26, 33, 40, 47, 54, 61, 68, 75, 82
7º 6, 13, 20, 27, 34, 41, 48, 55, 62, 69, 76, 83

Primeiro ano

O primeiro ano é a liberação de um novo impulso condicionador, que determinará o tom do restante do ciclo. Esse impulso estará claramente associado ao que foi semeado no final do ciclo anterior, no sétimo ano. É provável que você tenha dúvidas sobre a natureza desse novo impulso, pois não haverá clareza consciente e se verá uma atitude evasiva quanto a entrar decididamente no novo caminho, até sentir-se seguro de sua realidade. Você perceberá que existe algo novo e não explorado agitando-se no seu íntimo que tanto pode estimular sentimentos de medo e desconforto como esperanças de oportunidades mais amplas a serem exploradas.

Psicologicamente, você terá o "rosto de Jano", voltado para o passado recente e, ao mesmo tempo, para o futuro. Na verdade, algum fato ocorrido no 7? ano ou no início desta nova fase contém a essência-semente do novo rumo. Entretanto, a essa altura, você vai sentir a necessidade iminente de mudar, mas estará inseguro e confuso sobre como fazê-lo e o caminho a tomar. É um problema de opções e escolhas e, em muitos casos, haverá relutância em tomar uma decisão.

Emocionalmente, pode ser que você se sinta vulnerável e um pouco instável em razão dessa agitação interior; é provável que haja instabilidade e inconstância das emoções. Até começar a sentir mais segurança e confiança no rumo que deseja seguir, você ficará reticente. São poucos os casos que apresentam grande sensação de liberdade e a liberação das limitações, que proporciona a alegria de concretizar o potencial latente através da experimentação confiante e da abertura de novas portas. Este pode ser encarado como um ano de preparação e reequilíbrio interiores.

Segundo ano

É um ano de escolha entre responder ativamente às mudanças implícitas no novo impulso e reagir ao impacto que elas causam na vida. A resposta positiva pode levar à descoberta de uma vitalidade renovada e de um rumo na vida que podem afetar todas as facetas da sua natureza e do seu estilo de vida; ou também você pode resistir à mudança por medo e falta de disposição para reestruturar a si mesmo e ao seu estilo de vida. Essa inércia interna fará oposição ao novo impulso, criando um estado de atrito, conflito e tensão. Será preciso encontrar uma forma de minimizar o desconforto e a tensão interna para que o poder do novo impulso comece lentamente a corroer essas bases de resistência.

Podem surgir desafios nas áreas da sua vida social e financeira, ou ocorrer dificuldades pessoais psicológicas; e como estas últimas provavelmente exigirão decisões claras, você terá de assumir as soluções, pois elas afetarão suas escolhas no restante deste ciclo. Provavelmente é mais prudente curvar-se à inevitabilidade da mudança em vez de desperdiçar energia e tempo numa reação inútil.

Terceiro ano

A essa altura, a natureza do impulso deste ciclo já deve estar clara e definida; o rumo deve ser reconhecido, e é provável que você tenha feito as adaptações internas/externas necessárias para responder às suas incitações. Cooperar com o impulso vai envolver ações definidas que concretizem sua qualidade transformadora nos respectivos campos de atividades. Embora você possa se achar incapaz de concretizar plenamente o impulso, talvez por falta de alguma capacidade pessoal, de confiança ou de meios, não deixe de tentar o mais que puder. Os esforços de agora podem dar frutos na fase correspondente do próximo ciclo, ou até mesmo resultar num sucesso mais imediato do que você imaginava ou esperava.

Quarto ano

Existe um ponto de virada por volta dos três anos e seis meses, quando o impulso atingiu um ponto de materialização e atualização por intermédio da pessoa. O crescimento subterrâneo foi concluído, e o impulso pode agora sair à luz do dia. Vão aparecer novas oportunidades e desafios; é um ano de crise, na medida em que, através da aplicação e do afinco no trabalho, o impulso que já está totalmente incorporado sofre a resistência da inércia que, até aqui, restringiu sua emergência. Em termos ideais, o "novo" terá derrotado os velhos padrões ultrapassados. Este ano encerrará um ponto crucial de escolha; cujas reais implicações podem ser evidentes ou veladas. Envolverá uma decisão que não pode ser evitada, mas que está ligada à essência do impulso emergente. Esta escolha decisiva terá intensas repercussões na sua vida e nas futuras opções.

Quinto ano

Este ano tem o potencial de ser o ano em que, como resultado dos seus esforços anteriores neste ciclo, você fará um avanço nas tentativas de se auto-expressar e seguir o próprio caminho. O tema, a mensagem e o objetivo do impulso devem estar clara e intensamente percebidos. A base disso é o trabalho e a visualização do terceiro ano, que vai capacitá-lo a desenvolver-se com mais rapidez e consciência; a semente estará transformada em "flor". Este fato terá uma dimensão social, e talvez você comece a compartilhar mais com os outros, atuando como ponto de influência irradiadora e como guia ou líder de alguma forma. Entretanto, se você tiver adotado uma posição mais resistente, neste ano poderá presenciar a dissolução de muitos sonhos e esperanças, pois a energia não será capaz de revitalizá-los.

Sexto ano

Este pode ser um ano de realização e efetivação, que também poderá conter a necessidade de abandonar ou sacrificar alguma coisa, como uma espécie de expiação pelas dádivas divinas. Em épocas de sucesso poderá acontecer também uma perda para lembrá-lo da temporaneidade da vida, o que irá estimulá-lo a adquirir uma perspectiva mais ampla e, no íntimo, devotar seu talento à efetivação bem-sucedida dos ciclos futuros.

Talvez você sinta uma subcorrente de profunda agitação, quem sabe um sentimento de frustração ou insatisfação oculto nos resultados do sucesso, possivelmente a perda de algo importante para você. É uma ambigüidade; dentro do sucesso jaz a semente do fracasso, e vice-versa, como um reflexo da polarização da vida humana e a crença de que em toda ação existe uma reação igual e oposta.

Sétimo ano

Este é o ano de conclusão e formação das novas sementes para o próximo ciclo. Você vai notar uma nova sensação de mudança, uma necessidade de valores ou de direções a seguir, sejam novos ou modificados. Os resultados do ciclo de sete anos serão agora reconhecidos: o relativo sucesso ou o relativo fracasso. Novas oportunidades surgirão para que você se desenvolva em novos horizontes. Se você acompanhou as mudanças anteriores, deve aceitar o próximo impulso e cooperar também com ele porque já sabe que, agindo assim, pelo menos algum sucesso vai obter. Se você resistiu da última vez, eis uma nova oportunidade para fazer algum avanço e dar uma nova direção a sua vida interior e exterior. Neste ano será formada a nova semente, e é melhor aproveitar a chance de semear para si mesmo um ciclo futuro tão brilhante e positivo quanto possível.

Doze Ciclos de Sete Anos

Urano em trânsito passa por cada signo a cada sete anos. Cada um desses trânsitos pelos signos pode ser subdividido em sete fases anuais, como é mostrado no padrão cíclico anterior de sete anos. Dessa forma, as mudanças associadas ao trânsito de Urano pelos signos proporciona uma abordagem operacional para extrair maiores benefícios pessoais da transformação tencionada.

O ano de Áries corresponde ao período do nascimento até os sete anos de idade e à 1ª casa, a da identidade. Envolve o nascimento físico, o despertar dos padrões instintivos inatos e da personalidade, e o gradual processo de diferenciação e separação dos pais que vai determinar uma identidade distinta.

O ano de Touro corresponde ao período dos sete aos catorze anos e à 2.ª casa, a dos recursos. Envolve o despertar do eu diferenciado para a matéria e o início dos sentimentos emocionais e sexuais da puberdade. A última parte deste "ano" é o início da confusa época de mudanças hormonais adolescentes, em sobreposição com o ciclo seguinte.

O ano de Gêmeos corresponde ao período dos catorze aos 21 anos e à 3.ª casa, a da comunicação. É o processo de socialização e aprendizagem consciente das habilidades apropriadas, antes de entrar na vida adulta. O que existe aqui é mais um despertar mental, uma exigência da sociedade para ser mais "crescido", racional e capaz de usar a mente de modo eficaz, tanto do ponto de vista da capacidade de contribuir para a sociedade por meio do trabalho como o de comunicar-se com os outros.

O ano de Câncer corresponde ao período dos 21 aos 28 anos e à 4.ª casa, a das origens. Aqui se espera que o jovem fixe raízes, possivelmente se case e constitua seu próprio lar e família. É uma aceitação das exigências feitas pela sociedade contemporânea e envolve conformismo e a provável limitação de liberdades e opções.

O ano de Leão corresponde ao período dos 28 aos 35 anos e à 5.ª casa, a dos filhos, da auto-expressão e da criatividade. Implica uma nova fase de maior liberdade em potencial, em que a influência paterna já declinou e o provável nascimento de algum filho vai suscitar uma forma de vida mais adulta. Agora, a adaptação social já deve ser suficiente para que se tenha mais autonomia para as escolhas pessoais mais importantes, ligadas à criatividade e à individualidade singular. Este ponto pode refletir o começo de um ponto de virada de vida; a pessoa começa a procurar seriamente um estilo próprio que lhe agrade, em vez de adotar qualquer outro inconscientemente inculcado pela sociedade.

O ano de Virgem corresponde ao período dos 35 aos 42 anos, e à 6.ª casa, a do trabalho, da saúde e prestação de serviços. É o ponto médio que dará continuidade à reorientação latente, com uma nova avaliação do estilo de vida, das atitudes e dos padrões de trabalho pessoais, de modo que se determine se estes ainda são adequados e satisfatórios. Nesta fase, entre as idades de 38 a 42 anos Urano em trânsito faz oposição a sua posição natal, estimulando a tradicional "crise da meia-idade", que pode desembocar numa expressão de vida em que a necessidade de mudança é maior e a estabilidade e a confiança pessoais são mais fracas.

O ano de Libra corresponde ao período dos 42 aos 49 anos e à 7.ª casa, a dos relacionamentos. Pode estar dentro do aspecto de oposição e é um ponto de virada do ciclo; é provável que o equilíbrio interno tenha oscilações violentas ocasionais em relação a um ponto de equilíbrio. A energia de Urano torna ainda mais difícil descobrir esse ponto de equilíbrio, provocando insatisfação com os relacionamentos e casamentos de longa data e acrescentando um fator de desestabilização. É necessário descobrir novas formas de relacionar-se, tanto interiormente quanto entre as pessoas mais íntimas, a fim de revitalizar relacionamentos que estão provavelmente estagnados.

O ano de Escorpião corresponde ao período dos 49 aos 56 anos e à 8.ª casa, a da regeneração e do renascimento. Aqui a pessoa se depara com indícios da mortalidade iminente, talvez a morte dos pais, o nascimento de netos, os primeiros sinais de desgaste do corpo. As escolhas ficam mais limitadas e é mais difícil proceder a mudanças radicais de vida, em parte devido aos padrões de hábito profundamente arraigados e às restrições econômicas. A juventude se foi, a autoconfiança na atração pessoal pode desfazer-se, deixando um vazio na percepção de si mesmo, confusão nos relacionamentos e conflitos emocionais ligados a uma série de mudanças internas. É preciso aceitar o processo de envelhecimento. É preciso conseguir renascer na próxima fase.

O ano de Sagitário corresponde ao período dos 56 aos 63 anos e à 9.ª casa. Durante esta época, Urano em trânsito faz uma quadratura com sua posição natal, dos 58 aos 62 anos, e são necessárias adaptações internas para atenuar o acúmulo de tensão. Pode ser uma época de colheita dos resultados de toda uma vida de esforço pelo próprio desenvolvimento e, potencialmente, um renascimento nas fases posteriores do ciclo e da vida. Pode ser uma libertação dos limites profissionais, permitindo mais tempo para desfrutar os interesses pessoais, refletir sobre si mesmo e ter maior liberdade em relação à família, já adulta. Por volta dos 56 anos, o trígono de Urano em trânsito com sua posição natal pode estimular um renascimento interior voltado para assuntos mais espirituais, em que a luta para aceitar a inevitabilidade da morte terá de ser interiormente resolvida.

Os três anos seguintes, de Capricórnio, Aquário e Peixes, correspondem aos períodos dos 63 aos 70, dos 70 aos 77 e dos 77 aos 84 anos, e às casas 10, 11 e 12, respectivamente. São o auge e a culminação da vida, antes que qualquer ciclo novo e mais transcendente comece depois dos 84 anos de idade. Aqui, a maioria dos padrões de sementes da vida já terá se expressado e já foi explorada e aproveitada. A qualidade da verdadeira vida interior deve estar no seu ponto mais potente, concentrado e poderoso, graças à riqueza e à sabedoria obtidas com a experiência. A verdadeira individualidade singular poderá ser revelada com mais clareza à medida que os véus da matéria se tornarem mais translúcidos e mais suscetíveis à penetração da luz do espírito, principalmente se a pessoa teve uma vida espiritual e transpessoal. É uma fase de solução de assuntos inacabados, de finalizações de vida, de subtração das energias vitais.

O ciclo de 28 anos relaciona-se aos trânsitos de Urano e à possibilidade de ocorrência de três "renascimentos" numa vida dedicada ao desenvolvimento espiritual. O primeiro nascimento é o do corpo físico, o ponto de encarnação na vida sobre a terra, a materialização da "idéia". O segundo pode ocorrer por volta dos 28 anos de idade, quando Urano em trânsito faz um aspecto de trígono com sua posição natal, correspondendo também ao ano de Leão e à possibilidade de liberar a verdadeira individualidade singular. Para alguns, isso pode corresponder a um renascimento espiritual que vai determinar o caminho para o restante da vida. O terceiro, por volta dos 56 anos, foi mencionado anteriormente, e tem mais probabilidade de ocorrer quando se deu o passo anterior, aos 28 anos. Em essência, eles refletem o nascimento e o desenvolvimento do eu (0 a 28 anos); a exigência de ser e externalizar esse eu completo (28 a 56 anos); e a resultante integração e transcendência do eu (56 a 84 anos). Essas fases não precisam corresponder ao padrão de idade, porém muitas vezes a correspondência é bastante exata.

Urano cumpre seu papel de "despertador", e esta função se expressa dinamicamente através de seu impacto sobre a pessoa, à medida que avança o ciclo de trânsito. Todo mundo terá a vida afetada quando Urano passar pelas casas e formar aspectos com os planetas natais; vale a pena entender a natureza e a qualidade dessa poderosa energia, conhecer seu modo de atuar interiormente e descobrir qual a melhor forma de reagir de modo positivo.

Para aqueles que são mais sensíveis, a movimentação de Urano pode ser intuída quando ele está a 2 ou 3 graus de um aspecto exato com um planeta natal, o que pode acontecer dois ou três meses antes. A menos que a pessoa seja um astrólogo que tenha calculado as posições planetárias e esteja supervisionando seu próprio padrão de desenvolvimento, e, dessa forma, prevendo o trânsito identificado de Urano, a sensação é de inquietação interior, acúmulo de tensão e de pressão, que se refletem como a necessidade de mudar. É uma sensação de que "algo está acontecendo" além da vontade ou do controle consciente da pessoa e uma agitação na mente inconsciente. Pode haver um aspecto de ameaça e medo de perder o controle concomitante ao profundo abalo das bases existentes da personalidade. É possível haver uma nítida percepção da correspondente esfera de vida a ser transformada (através do trânsito de Urano na respectiva casa), e o reconhecimento da mudança necessária.

O ponto definitivo de crise pode acontecer por ocasião da formação do aspecto exato, o que pode ser algo bem forte e dramático, principalmente se envolver o súbito colapso de um modo de vida ou de um relacionamento estabelecido. Entretanto, esse ponto já estará se formando há algum tempo. Pode ser proveitoso considerar mapas de trânsito do ponto de vista de Urano e observar as épocas de início de fase a três graus do aspecto. Se estiver para acontecer no mapa de um cliente, deve-se comunicar a ele o fato e indicar as prováveis áreas de impacto. Por exemplo, um aspecto de Urano em trânsito com Vênus natal vai influenciar a natureza de qualquer relacionamento próximo ou íntimo, levando a mudanças nos sentimentos, à exigência de maior liberdade, de variedade sexual ou a uma sensação de estar preso a um casamento insatisfatório. É preciso proceder a alguma espécie de transformação nessa área da vida.

Urano atua para renovar a vida, tendo ou não um desejo consciente nesse sentido, e derruba os padrões repetitivos de modo de vida e de personalidade que estejam efetivamente inibindo uma experiência mais completa. Seu estilo revolucionário serve para acrescentar um elemento de caos e desorganização que desfaz a coesão dos padrões instituídos, antes que um reagrupamento permita uma nova fase de crescimento. O potencial é estimulado, ao mesmo tempo que traz clareza à atual estagnação da situação presente da vida na área correspondente. Depois que o raio interior iluminar a mente e as emoções, qualquer área reprimida de insatisfação passará a ser consciente, enfatizando, dessa forma, a necessidade de mudar. A sensação de frustração e de falta de significado vai permanecer, recusando-se a ser ignorada, como se a pessoa estivesse numa posição desconfortável.

Urano dá vida nova a todos esses pensamentos, desejos e sentimentos ocultos que, no passado, foram empurrados para as sombras. Como ter vontade de certos tipos de experiência que não foram vividos, ou mesmo coincidir com idéias e intenções anteriormente cogitadas, mas até então não concretizadas. Nada que Urano traga para o exame consciente é ''novo'' para a pessoa; sua gênese ocorreu antes de ter surgido como exigência ativa. Possivelmente surgirão também padrões de resistência, uma recusa ao processo de mudança, a recusa do eu. Eles entram em choque com o impulso de viver e manifestar as necessidades pessoais que se tornaram reais. Seja qual for o curso de ação escolhido pela pessoa, os resultados são inevitáveis; alguma coisa muda, irrevogavelmente, no processo.

A estimulação de Urano é como uma carga elétrica, veloz e agitada, uma intensificação da vivência e da percepção da vida cotidiana, uma sensação de movimento inexorável que empurra a pessoa para o sombrio desconhecido. É uma necessidade de libertar-se de um estilo de vida sufocante e de encontrar a saída para voltar a respirar livremente. Pode ser uma ânsia de destruir para se renovar. Alguns se sentem como um animal selvagem enjaulado, girando em círculos em sua prisão, cada vez mais mal-humorado por não encontrar a liberdade, a energia batendo nas paredes que o aprisionam e voltando para ele. As pessoas podem ter mais liberdade do que esse animal, porém muitas vezes não mudam espontaneamente se não forem forçadas por uma pressão exterior.

Urano se transforma no nosso "destino", seja quando não fazemos esforços para mudar, seja quando eles não bastam para surtir efeito. É a partir do mundo externo que as circunstâncias concorrem para criar as situações que teremos de enfrentar e vivenciar. O cônjuge subitamente declara que está indo embora, as crenças e os ideais políticos ou religiosos são abalados por novas percepções e revelações sobre o líder político ou guru religioso predileto, uma empresa pede falência por dívidas, há mortes na família... Atraímos o que for necessário para que nos conformemos ao padrão interno que se desenrola em nossa vida. Alguns dão a isso o nome de carma, a colheita das sementes passadas, dos atos "bons e maus".

Tudo que ultrapassamos, por mais confortável que seja, está sujeito a tornar-se alvo de Urano. Ele põe fim às fases da vida e dá início a outras. O aspecto de conjunção de Urano em trânsito com um planeta natal proporciona uma poderosa liberação de energia interna, que muitas vezes parece acompanhar o final ou o clímax de uma fase e o nascimento de um novo ciclo. A passagem pelos ângulos também atua de forma semelhante, embora o que normalmente é mais evidente na consciência é o "processo de morte" dos términos, e não os recomeços. No caos da fase de transição, a pessoa pode ficar à deriva em seus próprios impulsos liberados, comportando-se de modo errático, descontrolado, egoísta e individualista, mas apenas na medida em que responde espontaneamente aos anseios dominantes no momento. Essa "possessão" interna de energia liberada leva a posteriores declarações do tipo: "Eu não sabia o que estava fazendo, mas tinha de fazer...", "Eu precisava pôr para fora... não pensei muito no assunto...". Esses pontos são caracterizados pela instabilidade pessoal, pela falta de percepção dos outros e por uma avassaladora ânsia de reafirmar a independência e a individualidade — cuja expressão, muitas vezes, parece bastante despropositada.

A ânsia de destruir pode ser difícil de ser contida. A maioria das pessoas não sabe muito bem o que lhes acontece, e muito menos age no sentido de redirecionar esse impulso para canais potencialmente positivos que transformem a vida com criatividade. Muitas abandonam o estilo de vida atual e simplesmente entram num período em que se sentem "perdidas". Livraram-se das amarras, mas não há terra à vista, são levadas ao sabor do vento, mas não têm um rumo verdadeiro para seguir e nem razão para tanto. Algumas projetam sua raiva e frustração internas nos parceiros, sujeitando-os a um relacionamento em ruínas e culpando-os por tudo que traz descontentamento. Às vezes a negação resulta numa espécie de apatia, e as estruturas da vida desmoronam porque não há ninguém para recuperá-las.

Soltar-se e confiar no processo muitas vezes é difícil. Exige uma fé na vida que muitas pessoas não têm. O que está acontecendo é uma forma natural de crescimento, que é sempre perturbadora e confusa, principalmente para a personalidade centrada no conceito da continuidade egoísta, que montou um estilo de vida fixo para sustentar esse frágil sentimento. Projetos de educação social sobre a "multiplicidade de eus" e o conceito mutável e mutante de individualidade e personalidade poderiam ajudar a minorar esses problemas.

No fim, as dores de crescimento diminuirão, quando os primeiros brotos das sementes da renovação emergirem na consciência. São as sementes da esperança e do potencial, e envolvem a criação do futuro por atos e escolhas feitos no presente. Elas são recebidas como orientação, mensagens internas, intuição do rumo a tomar, ou como novas idéias que podem ser empregadas para transformar a vida. Essas sementes podem ser cultivadas durante vários anos, ou mesmo pelo resto da vida, e pode ser que haja uma sensação de impaciência em relação ao intervalo necessário e à morosidade da mudança.

Muitas vezes os aspectos de oposição de Urano em trânsito a um planeta natal podem corresponder a momentos de importantes decisões que dependem da qualidade da percepção para determinar as escolhas feitas. Uma oposição com o Sol natal pode desencadear uma investigação da natureza da própria identidade e do propósito individual. Esse processo pode resultar em mudanças internas radicais, que acabarão originando um novo estilo de vida e uma nova relação com a vida.

Muitas vezes a pessoa que está passando pelas interrupções provocadas por Urano quer simplesmente fugir de todos os problemas e desafios com que se confronta. Parece que a força interior não basta para a situação. Mas em vez de tentar dissociar-se do passado e do presente, um método mais judicioso, que pode ser empregado por quem esteja familiarizado com o processo, é trabalhar para fazer as mudanças adequadas dentro da estrutura de vida existente. Isso pode conferir uma certa estabilidade e continuidade, além de proporcionar um canal para acomodar as energias; não há nenhum decreto divino que determine que a vida toda deva ser despedaçada. Isso só vai acontecer como resultado da oposição e como último recurso de uma energia bloqueada de Urano.

Os desafios que a pessoa enfrenta fazem eco a desafios semelhantes na sociedade. A maioria das pessoas resiste à mudança e muitas vezes não entende o que está acontecendo dentro delas. A ignorância pessoal e a inconsciência da vida interior freqüentemente é bastante acentuada, e muitas vezes essas pessoas mascaram as encapeladas águas interiores, fingindo que está "tudo bem". Ou então, se admitirem a existência de um problema, dirão a elas mesmas que o problema vai passar se não se pensar nele. A pressão se avoluma enquanto a represa atinge o seu limite, e a mente inconsciente atrai experiências e situações externas em sincronia com o propósito da sua atividade. As tensões crescem até que se reconheça que algo precisa ser feito para mudar uma posição insustentável. Em geral os maiores "abalos" ocorrem quando Urano entra num novo posicionamento por casa, imprimindo o tom da mensagem de que ele é portador.

Individualmente, acumulam-se as questões interiores. Como posso ser livre? O que preciso mudar em mim ou na minha vida para me liberar? Que rumo quero seguir e como posso fazê-lo, sem deixar de cumprir minhas obrigações e meus deveres familiares? Como posso fazer bem a transição deste estilo de vida para outro que seja realmente adequado para mim? Teria o apoio de minha família? Que riscos posso assumir para que o "sonho" se realize? Terei sucesso? Isso é como estar dividido entre as escolhas do passado incorporadas no presente, e a atração magnética exercida pelo futuro desconhecido, que parece prometer "os desejos mais almejados". Durante esse período, parece que há catalisadores impelindo para determinadas direções. Eles podem surgir como velhas idéias subitamente renascidas com fresca vitalidade, velhos sonhos que poderiam ser experimentados, amigos que voltam para propor possíveis oportunidades ou novos conhecidos com novas alternativas de vida e percepção da vida. Se você conseguir reconhecer os sinais, verá que nunca está sozinho.

À medida que Urano transita pelas casas, a mudança revolucionária do período se espalhará pela respectiva área de vida. No final de cada fase de sete anos, as suas atitudes e o seu nível de compreensão estarão transmutados, o que começará logo no início de cada trânsito, quando pela primeira vez você registrar o descontentamento e o impulso correspondente por novos horizontes surgir na consciência. Isso vai acontecer nas casas em que, ciclicamente, a necessidade de transformação é mais premente, e onde, efetivamente, você vai rebelar-se contra as restrições auto-impostas. Na sua própria natureza, você vai repetir a luta dupla de Urano-Saturno: primeiro, Saturno destrona Urano para impor a ordem materialista; depois, Urano tenta subverter os domínios de Saturno para liberar nova vida.

Provavelmente, vai demorar de dois a dois anos e meio para começar a integração do significado e da relevância de um aspecto de Urano em trânsito, principalmente porque determinados aspectos podem ser formados três vezes durante a fase, como as conjunções e o movimento direto e retrógrado durante o período. Com o trânsito pelos signos e casas, Urano opera um padrão de sete anos. Às vezes, parece absolutamente impossível descansar durante o processo de autodesenvolvimento... mas também não há escapatória!

URANO EM TRÂNSITO NA CASA 1

Este é o começo de um novo ciclo de Urano em trânsito que se estenderá aproximadamente pelos próximos 84 anos. Qualquer ciclo novo proporciona a oportunidade de algum tipo de renascimento ou renovação associado ao planeta transpessoal específico, e deve sempre ser encarado como uma oportunidade em potencial para que se aproveite o maior número possível de benefícios pessoais oferecidos.

As mudanças na sua vida, que provavelmente surgirão durante este trânsito, são as que lançarão as bases para o ciclo completo. O que será exigido de você é um crescimento verdadeiro para uma expressão mais plena da totalidade da sua natureza singular, através da qual você seja capaz de visualizar e definir melhor o alcance e o conteúdo da vida que imagina e almeja para si. Evidentemente, uma tarefa dessas vai exigir que se façam determinadas mudanças nas atitudes e valores pessoais; no mínimo, você vai ter de olhar para si mesmo para determinar quais são, de fato, os seus desejos, suas necessidades, metas e ambições.

É provável que o impulso para adotar essa abordagem de autorenovação e investigação surja de alguma desordem interior, uma sensação de desassossego, quando se sente que a vida já perdeu ou está perdendo o significado e o propósito, e que o colorido e a vitalidade da existência estão gradualmente desaparecendo. Essa insipidez e falta de estímulo podem acionar a disposição para a mudança. Também é bem possível que esse gatilho lhe seja imposto por circunstâncias externas que estão além do seu controle imediato, como questões sociais mais amplas que invadem a sua vida, dificuldades de emprego, distúrbios conjugais ou de relacionamento, mortes na família. Seja o que for que der início à mudança, você terá de lidar com o fato internamente, e é nessa área de conflito entre os fortes padrões de hábitos, comportamentos e estilo de vida e as inevitáveis mudanças que Urano tenta introduzir você na vida futura. Em certa medida, você se tornará uma influência desestruturadora em conseqüência da agitação interior, o que, é claro, vai afetar especialmente os seus relacionamentos mais íntimos. O extravasamento do seus conflitos e lutas internas vai intensificar as tensões e perturbar o equilíbrio do relacionamento e, até que você alcance um ponto de firmeza e clareza interiores, haverá pouco a se fazer para impedir que essa "infiltração psicológica" influencie as pessoas que o cercam. Um método que pode ajudar é a partilha íntima, em que você reconhece abertamente esse estado interior de confusão e o impulso para mudar e descobrir a liberdade e a novidade; a revelação desses anseios interiores, enquanto compartilha e vive esse processo com outra pessoa, resultará na compreensão e exploração das qualidades de ambos. Caso contrário, se você reagir às pressões acumuladas, talvez invista simplesmente na ação independente capaz de liberar as suas tensões, mas cria muitas dificuldades no relacionamento. Ou, alternativamente, o seu próprio comportamento e a sua "condição alterada" poderão levar a um colapso do relacionamento, talvez por iniciativa do parceiro, que talvez, no seu íntimo, faça objeções à preocupação excessiva que você demonstra consigo mesmo, ao seu temperamento irritadiço e à sua falta de interesse.

O caminho que deve trazer mais vantagens para você é a procura consciente de novas idéias, novos potenciais, experiências e rumos de vida diversos. Trata-se de um processo destrutivo, e como a maioria dos relacionamentos se baseia em padrões de comportamento repetitivos, ele poderá se tornar uma influência negativa, a menos que você faça um esforço para incluir seu parceiro. Caso contrário, o contato pessoal vai começar a distanciar-se. Você verá que as energias uranianas que acionam essa tendência têm uma influência positiva inerente, já que, de certa forma, qualquer efeito destrutivo inicial será transformado e anulado se a reação for por mudanças individuais criativas; elas terão, assim, cumprido sua função. Tire proveito dessas energias e tome qualquer atitude sugerida por sua intuição que possa ter um papel no avanço em direção aos objetivos almejados.

Se você conseguir definir claramente um objetivo para si mesmo, é mais provável que apareçam novas portas para se abrir e entrar. Uma questão a considerar é não permitir que a força da influência uraniana o deixe excessivamente fanático e excêntrico em relação ao desenvolvimento de seus interesses, desejos e ambições pessoais.

160

De modo geral, você se sentirá atraído pela investigação do que está por trás das barreiras interiores, sejam elas peculiares a você, auto-impostas ou socialmente condicionadas; inclui-se aí a ânsia de ir além das atitudes, experiências e tradições sociais instituídas. Isso vai levá-lo àquelas dimensões da vida que exigem o desenvolvimento da intuição, o "saber sem a prova racional/lógica ou pensamento". A meditação e as técnicas psicológicas podem ajudá-lo a desenvolver essa capacidade; se isso for feito durante esta fase de sete anos, o restante do ciclo assumirá uma perspectiva totalmente diferente, essencialmente como a exploração de uma nova dimensão capaz de nortear a sua vida de dentro para fora. Isso vai se associar à necessidade que você tem de expressar a sua singularidade numa posição independente, seguindo seu próprio caminho, leve ele aonde levar. Mas é preciso sempre se lembrar de que é necessário também manter boas relações com os outros e nunca adquirir um comportamento excessivamente autocentrado, já que o equilíbrio adequado deve ser encontrado.

URANO EM TRÂNSITO NA CASA 2

Espera-se que, a esta altura, você já tenha passado pelas mudanças fundamentais necessárias para este novo ciclo, que as sementes do futuro já estejam no solo e você tenha uma visão mais clara do caminho escolhido. O trânsito pela 1ª casa pode ser encarado como a preparação da terra e o plantio das sementes do futuro.

O processo, entretanto, certamente não está concluído, e você poderá vivenciar um estágio inicial de confusão e desnorteamento no começo do trânsito pela 2ª casa. Isso ainda provocará uma reavaliação de suas metas e atitudes, talvez para lembrá-lo de que está vivenciando um processo contínuo de perpétua transformação.

A área de atuação mais importante desta fase é a esfera da "herança pessoal" que envolve seus talentos, capacidades e dons inatos. Em alguns casos, constata-se que a influência uraniana age como um estímulo para que talentos antes ocultos ou desconhecidos se evidenciem, ou que uma nova vitalidade começa a percorrer as habilidades já existentes, incentivando o emprego dos seus talentos de modo mais completo ou até pela primeira vez.

O rumo que você deve tomar é usar esses talentos revitalizados para manifestar os objetivos que escolheu e que devem ter sido desenvolvidos durante o trânsito pela 1ª casa. Caso contrário, pode não haver uma noção clara da direção para onde canalizar essa energia.

Esta é uma época em que todos os seus "bens herdados" devem ser empregados na produção de resultados mais práticos, principalmente num contexto material e terreno. Foque sua atenção nas áreas da vida que parecem oferecer mais oportunidades para você expressar suas habilidades físicas, mentais e psicológicas. Isso poderá mudar determinados aspectos mais antigos e estabelecidos de sua vida que agora parecem inadequados, principalmente à luz das novas intenções e idéias de como seus talentos podem ser aplicados de forma mais criativa, produtiva e satisfatória. Isso talvez implique o uso de suas economias para iniciar uma nova empresa ou custear estudos e cursos adicionais de modo que possa adquirir mais conhecimento, criando, assim, uma base para outras oportunidades posteriores.

O ideal seria você usar suas capacidades para melhorar a qualidade de sua vida, seja em algo puramente material, ou num contexto totalmente pessoal, de modo que sua experiência de vida seja aprimorada pela autocompreensão e amadurecimento.

Esta é uma fase de assentamento do processo e, se você cair no excesso de instabilidade ou excentricidade, descobrirá que sua energia será drenada, em vez de ser empregada conscientemente no aproveitamento de sua "herança". A inércia pessoal pode criar alguns problemas e, a menos que você a supere pela autodeterminação, seus objetivos se tornarão opacos e sem vida. Essas tendências são inevitáveis, mas não são obstáculos intransponíveis.

De início, é uma fase para se "fazer um inventário" da "herança e bens pessoais", para que possam ser utilizados com mais eficiência através de um método disciplinado que os torne mais benéficos e produtivos. É provável que você também descubra que adquiriu outra perspectiva de si mesmo, maior confiança e a esperança de que existem múltiplas possibilidades de expressão e prazeres na vida à espera de que você os aproveite, com a sensação de que sua vida se renova.

URANO EM TRÂNSITO NA CASA 3

A natureza desta fase reside na luta entre o novo e o velho, um antiqüíssimo conflito inerente à vida e à natureza. É a formação da "nova ordem" que está tentando assumir um lugar e um papel como fator dominante de sua vida atual. Isso envolverá a batalha da decisão, quando você provará que pode recriar uma vida nova e mais adequada, ou então que não consegue destruir os padrões fixos existentes em si mesmo ou nas circunstâncias externas. Você tentará integrar todos os novos impulsos pessoais de intento/propósito e empregar suas capacidades para realizar os objetivos.

A luta reside no fato de que o velho muitas vezes não pode incorporar adequadamente o novo, e as tentativas de modificar e adaptar as velhas formas, estruturas e padrões de hábito quase sempre redundam em fracasso. Às vezes é possível fazer um "enxerto", mas também é preciso haver disposição pessoal de passar por uma mudança mais radical a fim de tornar a transição bem-sucedida. A questão é se a velha ordem terá demasiada inércia e energia restritiva para impedir o crescimento, ou se você está pronto para colaborar com a estimulante vitalidade da nova energia que se introduz e procura novas formas de expressar essa qualidade de renovação.

O ideal seria romper as garras viciosas do velho com a introdução de mudanças radicais criadas por você ou que lhe são impostas. Provavelmente, uma modificação posterior de suas atitudes e valores será necessária, e é possível também que seja preciso fazer uma mudança física no seu ambiente, para dar espaço à emergência do novo impulso. Como parte desse conflito interior, você deverá obter uma compreensão profunda da sua personalidade e natureza ao vivenciar diretamente os aspectos do "eu" multifacetado, que se contradiz e coexiste. Você precisa encontrar formas de resolver esses conflitos para que sua energia possa ser liberada de modo que avance na direção do rumo e do propósito escolhidos. A luta que você enfrentará para demonstrar sua nova abordagem e novos objetivos vai provocar crises; novamente você poderá passar por dificuldades ao falar sobre eles nas suas relações íntimas. Isso se deve em parte ao fato de ainda estar vivendo o processo de aceitar as mudanças interiores e de compreendê-las, e verbalizar essas mudanças e esses objetivos para os outros poderá ser um problema. Entretanto, são desafios necessários que servem como campo de provas para saber se suas intenções são exeqüíveis, em última análise, e se você está conseguindo expressar seu "novo eu" de maneira compreensível. O ideal será que você saia desse trânsito mais bem adaptado às mudanças interiores, e de forma mais plena, sentindo maior segurança em si mesmo e na direção que escolheu seguir.

URANO EM TRÂNSITO NA CASA 4

A influência perturbadora e desordeira de Urano vai se tornar proeminente durante esta fase, e provavelmente você sentirá que o seu impacto estará abalando drasticamente os alicerces da sua vida. Incluem-se aí suas "raízes" físicas, emocionais e mentais. Há indicação de algumas mudanças no padrão doméstico, onde a energia de Urano agirá como uma tendência a minar qualquer segurança existente. A sua percepção de uma vida doméstica estável provavelmente mudará em virtude desse solapamento, e é possível que muitas de suas atitudes em relação à vida e à forma de refletir os valores sociais sejam fundamentalmente alterados.

A influência uraniana fará com que você questione as premissas sobre as quais ergueu os alicerces de sua vida. O que é preciso para ter segurança? O que é um verdadeiro lar para você? Que esforço você fez para criar algo para si e para os outros? Urano fará tremer a terra sob os seus pés, corroendo aquela confiança, a segurança e a previsibilidade da ordem instituída e conhecida.

As áreas que têm mais probabilidade de servir de pontos focais para esse impulso são as relacionadas com trabalho, perdas na família, conflitos familiares, estruturas de crenças e ideologias. Sem dúvida, você estará diante de dúvidas e perguntas relacionadas aos conceitos e à realidade de "lar e segurança", e é provável que ocorram fatos e experiências cruciais e tão súbitos que irão pegá-lo basicamente desprevenido. Na pior das hipóteses, todo o seu modo de vida instituído poderá ruir de um momento para o outro, ou então ocorrer mudanças irrevogáveis que estão além do seu controle, como decisões que são tomadas por outros, fazendo com que, a princípio, você se sinta impotente e sem controle da situação.

Evidentemente será um período desafiador, e muita coisa dependerá da maneira como você reagir. O objetivo principal deste impulso é provocar em você um redirecionamento interior e transformar a dependência dos apoios externos, para fins de segurança (trabalho, lar, família), em vontade de encontrar segurança e estabilidade dentro de si mesmo, de modo que se sinta forte na sua própria natureza singular e menos dependente de apoios materiais ou de qualquer outro tipo.

Aparentemente é uma fase "negativa" e atemorizante. Entretanto, ter consciência da natureza potencial dessa tendência pode ajudá-lo a preparar-se para ela, e vai permitir que você veja com clareza o que está acontecendo na sua vida, e por quê.

Examinando desde já essa área da sua vida e talvez introduzindo voluntariamente mudanças em alguns aspectos, você pode antecipar-se ao eventual impacto negativo. Em geral, a força do impacto de qualquer trânsito corresponde a tudo que é necessário para que a pessoa cresça e se torne mais consciente; essas energias transpessoais visam criar um avanço positivo, individual e coletivo, mesmo que, num primeiro momento, o impacto possa ser percebido como bastante traumático. O segredo é usás-las positivamente, cooperando em seu próprio benefício, e não cair presa de qualquer reação inconsciente de evasão e fuga. Se você o fizer, a destrutividade ficará mais evidente.

URANO EM TRÂNSITO NA CASA 5

Esta fase depende do "sucesso" da sua passagem pelo trânsito pela 4.ª casa e do grau em que você encontrou um novo centro durante aquela fase corrosiva.

Seu interesse primordial recairá sobre as formas de auto-expressão criativa. Essa atividade pode assumir várias formas, mas é preciso que você tente criar de tal maneira que o seu relacionamento com os outros se desenvolva. A criatividade pode estar voltada para a ação social e a produtividade, possivelmente como reflexo de algumas de suas idéias pessoais, embora isso não seja essencial.

Seja qual for o objetivo da criatividade, ela será motivada pelo impulso de aprimorar e desenvolver a própria natureza. Embora você queira tentar ser original naquilo que cria, seu principal interesse reside em atitudes como estas: "O que posso conseguir com isto?", "Como isto pode me fazer sentir melhor, mais feliz, mais realizado?". Assim, você vai relacionar esse impulso com as necessidades que lhe são peculiares, e os eventuais benefícios sociais serão encarados como uma vantagem a mais.

Sob certos aspectos, isso vai envolver um teste da "pureza de seus motivos". O que não significa que você deva ser altruísta e criar apenas para o aprimoramento dos outros, mas sim que o propósito subjacente do "motivo" seja uma expressão clara do que você é, como alguém que está tentando cumprir um destino pessoal. Todo avanço para atingir esse estado aumenta a sensação de importância, propósito e realização. É provável que você encare suas idéias criativas como uma inspiração súbita, apresentando uma imagem definida do que está sendo chamado a criar; na verdade, fazer isso será a tarefa realmente difícil.

Você vai perceber que estará superando antigos padrões do eu, velhas atitudes e valores, o que provavelmente o levará a uma busca ativa de novos caminhos de vida a serem explorados. Pode surgir uma sensação de insegurança social e pessoal, particularmente se você estiver restringindo e bloqueando o impulso de expressão criativa.

O objetivo desse impulso é recriar suas partes e encontrar novos meios dinâmicos e estimulantes de relacionar-se criativamente com os outros e que incentivem a sua fé em ser mais você mesmo.

É provável que nesse período você tenha mais relacionamentos que irão lhe proporcionar oportunidades de ampliar seu âmbito de expressão e experiências pessoais, e de apreciar os prazeres da vida de forma mais incisiva do que antes. Talvez você descubra outra forma de inspiração no seu envolvimento com as crianças, cujas atitudes mais liberadas para a brincadeira e a criatividade poderão estimular em você uma resposta semelhante. A educação também poderá atraí-lo, pois você terá que ser mais treinado para criar de modo mais eficaz.

A criatividade pode assumir várias formas, que vão desde a formação de uma família até um processo de recriação pessoal de formas artísticas, ciência ou engenharia; virtualmente, todos os aspectos da vida podem ser intensificados e explorados como expressão criativa.

URANO EM TRÂNSITO NA CASA 6

Durante esta fase, um ponto de virada na sua vida, é provável que você passe por uma crise pessoal. Ela surgirá espontaneamente, de dentro para fora, como reflexo do seu descontentamento pessoal, ou poderá ser imposta pelas circunstâncias externas.

Este processo tenderá a fazer de você uma pessoa mais introspectiva à medida que avançar além das tendências dominantes de inércia pessoal, limitações e autocrítica.

É uma época de reajuste, em que você vai perceber que o que faz, sente e pensa não corresponde, na realidade, aos ideais de comportamentos, realização pessoal e sucesso já formulados internamente. Isso levará ao exame de eventuais fracassos anteriores, intensificando o processo de descontentamento e a crise resultante das comparações e questionamentos. Urano atua como um desafio estimulante que o incitará a se esforçar e avançar mais para realizar seus ideais e atingir os objetivos.

É provável que você perceba que sua criatividade e auto-expressão seriam maiores se você empregasse conscientemente mais energia para essa finalidade e se empenhasse em conseguir muito mais na vida. Para tanto, é preciso que a vida seja reexaminada para saber o que você realmente quer fazer dela, avaliando de modo realista as áreas que podem ser mudadas e onde seu talento pode ser mais plenamente explorado, e dessa forma melhorar a qualidade geral de vida. Há muitas maneiras de intensificar o prazer, de tirar proveito dos talentos individuais para ter satisfação, de enriquecer e apreciar a vida.

As questões cruciais são: Como você reage a esse descontentamento? Qual a qualidade de sua resposta diante da consciência da carência ou do fracasso? A crise é sempre uma oportunidade de crescimento pessoal e, se você não aceitar passivamente a carência como algo permanente, contra a qual não há nada a fazer, estará presente o potencial para que melhorias duradouras sejam introduzidas. Entretanto, isso vai depender de escolhas claras e da sua vontade. Muitas vidas são arruinadas e exauridas de vitalidade e prazer pela aceitação passiva e a incapacidade de reformular um estilo insatisfatório.

Você deve procurar novas técnicas, abordagens, atitudes e valores que lhe permitam realizar o seu potencial e vencer os desafios dessa crise; tente não fugir dela, porque por esse caminho só se chega à derrota pessoal; em vez disso, procure enfrentá-la de frente.

Há muito sofrimento e descontentamento na vida, mas grande parte pode ser evitada se as pessoas se aplicarem seriamente à solução dos conflitos pessoais. É estranho, mas muita gente parece não conhecer a própria capacidade de mudar e se curar, porque isto é um reflexo das atitudes sociais e dos condicionamentos predominantes.

O conflito não passa da expressão de um aspecto que tem alguma coisa desarmônica ou desequilibrada em determinada pessoa ou sociedade. Na maioria dos casos não haverá conflito se a pessoa quiser, sinceramente, livrar-se dos problemas. Atualmente existem muitas formas de promover a saúde interior e a liberdade pessoal, e você verá que, se elas forem exploradas, algumas chaves da transformação serão descobertas. Acredite que existe um sentido para esse descontentamento e que ele tem solução; tenha paciência e persistência para ir até o fim. Um dos caminhos que vale a pena considerar é algum tipo de prestação de serviço à comunidade (há uma grande quantidade deles), que poderá ajudá-lo a esclarecer e canalizar suas preocupações de forma positiva. Podem ocorrer mudanças na sua vida profissional como parte desse padrão em curso, que, nessa época, terão influência sobre suas escolhas. Também podem sobrevir doenças em conseqüência do seu estado interior, "destinadas" a criar um espaço nas suas atividades de modo que você seja forçado a promover mudanças interiores. Mas, lembre-se, se isso acontecer, a intenção é gerar um resultado positivo que irá iluminar a sua vida.

URANO EM TRÂNSITO NA CASA 7

Nessa época, a estimulação de Urano colocará em foco os seus relacionamentos. É provável que eles fiquem um pouco tumultuados e imprevisíveis, principalmente porque o impulso será no sentido de libertar-se das limitações dos padrões de comportamento instituídos nos relacionamentos.

Você poderá passar por situações inesperadas que provocarão algum tipo de choque, ou reação emocional, que condicionará o seu comportamento e influenciará as futuras respostas aos relacionamentos. É provável que essas emoções sejam bastante intensas e passionais, possivelmente inspiradas, mas deixarão uma marca. Talvez você se surpreenda com a força e o impacto dessas emoções, pois elas destacarão o que houver de inadequado na sua concepção do estilo de vida de sua preferência. Os efeitos serão destruidores e perturbadores.

Nessa área da vida, Urano estará estimulando a mudança. Porá à prova as suas "posses", de modo que elas sejam utilizadas com mais eficiência, forçando-o a vivenciar de uma nova maneira os relacionamentos para que haja mais profundidade, significado e poder de transformação. O resultado será a constatação de que poucos dos seus padrões de hábitos instituídos nos relacionamentos podem permanecer inalterados sob o poder dessa influência uraniana.

As suas atitudes nas relações pessoais passarão por um exame minucioso, seus valores pessoais serão questionados, os desejos e necessidades poderão exigir uma reavaliação e seu grau de compromisso pode ser desafiado. É provável que você receba um *feedback* objetivo de seus atos nos relacionamentos, que, se você for perspicaz e honesto, uma visão potencialmente perturbadora de si mesmo será revelada.

Exatamente o que desencadeará essa fase de exame é difícil dizer, pois existem várias razões para tanto. Muitas vezes acontece de, nos relacionamentos, criarem-se várias linhas de padrões habituais de resposta que abrangem o âmbito todo do contato interpessoal. Num relacionamento íntimo, essas linhas operam em vários níveis; as áreas de ação são delimitadas e as transgressões, penalizadas pela parte ofendida. Os limites podem ser corriqueiros ou sérios, mas cada um espera que o outro os respeite como "os termos e as condições para a continuidade do relacionamento". É bem possível que esses limites sejam ameaçados ou que oscilem durante esta fase. Sob muitos aspectos, o impacto pode ser positivo porque, com o tempo, a vitalidade da parceria tende a diminuir até a insatisfação, sendo preciso injetar mais esforço para revitalizar a relação. Podem ocorrer tendências ao excesso de possessividade e problemas serão criados; a premissa de que "nada muda" pode levar a uma situação em que a falta de consciência mútua acaba provocando o conflito, pois um dos parceiros muda e o outro continua parado no tempo quando diferentes ciclos de vida entram em choque; o desejo de ter "mais" da vida provoca atritos e os interesses e as preocupações começam a divergir.

Esses aspectos de mudança no relacionamento podem acontecer com você ou com seu parceiro, e são inevitáveis. O brilho cor-de-rosa do início de um relacionamento íntimo sempre se desfaz (em algum grau) e os padrões interiores de desenvolvimento individual acabam se impondo. Pode ser você a instigar o impulso de mudança radical, influenciando de modo tumultuado um processo crucial de questionamento; ou então vai constatar que o estímulo inicial emana da outra pessoa, que começa a se comportar de tal forma que seu equilíbrio é perturbado, lançando-o num estado de questionamento ou confusão.

Dependendo do grau de ajuste interior que você "necessita", será maior ou menor o impacto deste trânsito na sua vida. Evidente-

168

mente, quanto mais consciência você puder introduzir em todos os seus relacionamentos, tanto melhor, pois assim a mudança será menos forçada. Esteja preparado para o surgimento dessas tendências durante esta fase e não fuja do processo; coopere com o impulso. O intento é que você vivencie as relações pessoais de forma mais satisfatória e significativa e, portanto, não é para ser encarado com negativismo, mas sim como uma oportunidade de se tornar um pouco mais sábio e criar uma situação em que, no íntimo, você seja capaz de aproveitar mais a vida e compartilhar com os outros.

URANO EM TRÂNSITO NA CASA 8

A 8ª casa é o campo de provas dos resultados das experiências e mudanças pelas quais você passou até este momento do ciclo. Você estará avaliando a que resultados pragmáticos e concretos chegou. Eles podem ser de natureza positiva, intensificando os efeitos benéficos deste processo do ponto de vista pessoal, social e material, se você tiver conseguido comandar a energia da mudança, cooperando com sua influência revolucionária. Ou você terá de examinar as suas falhas com mais clareza, se, por resistência e falta de compromisso, a energia da mudança tenha sido repelida e seu potencial da renovação, abortado.

Isso porque já passou a época de você ficar absorto em sonhos e desejos. A ênfase foi transferida para a expressão prática dos seus ideais nos relacionamentos ou na vida profissional. O tempo dispendido para desenvolver teorias e ideais agora será testado na aplicação às conflagrações do mundo real.

É a oportunidade que você tem de incorporar mais plenamente os seus sonhos e ideais; para tanto, faz-se necessária uma fusão mais consciente e profunda com suas atitudes e valores, pois eles devem ser manifestados; não devem mais ser meras ilusões com as quais você preenche sua mente, fingindo compromisso com eles. A questão fundamental é que, na ação, você descobre o impacto, a influência, o poder e o valor desses ideais pessoais transportados para a vida real, vendo se é fácil aplicá-los coerentemente, observando seus efeitos e percebendo como eles o transformam ou podem estimulá-lo.

Na prática, qualquer tentativa de refletir as crenças da forma mais completa possível é sempre muito difícil. A tendência é fazer um acordo em nome da viabilidade. O resultado final pode ser — se a tendência for mantida — uma atitude superficial em relação às crenças e ideais, criando arraigados conflitos íntimos e a sensação de fracasso. É uma situação comum, principalmente entre os que aderem apenas exteriormente aos seus ideais. Eles são principalmente valiosos como metas que a pessoa queira atingir, abandonando muitas limitações iniciais e expressando seu potencial singular.

Pode ser que você sinta que seus ideais aparentemente fracassam quando confrontados com a realidade, ou que seja criticado por uma determinada postura que decida assumir. Até certo ponto, essas reações devem ser esperadas. Se você tiver ideais claramente inadequados, inexeqüíveis ou excessivamente revolucionários para o momento atual, isso precisa ser enfrentado. Muitos ideais sociais visionários demoram muito mais do que o intervalo de uma vida para fazer qualquer avanço visível, principalmente as visões de eras que emanam dos planetas transpessoais — Urano, Netuno e Plutão. Entretanto, você pode constatar que, fazendo certas reavaliações e ajustando as suas expectativas, é possível realizar algum avanço (principalmente no caso dos ideais voltados para as mudanças sociais).

A desilusão é a companheira constante de um ideal, mesmo que ela possa fazer com ele se torne mais realista. As pessoas muitas vezes ultrapassam os próprios limites com a força de seus ideais e acabam perdendo o impulso positivo que as lança nessa direção. Se os seus ideais mais profundos forem rejeitados pelas pessoas mais próximas, pode ser extremamente doloroso. Pode ser que você não tenha se adaptado à realidade do mundo ou dado suficiente atenção às necessidades alheias. Uma escolha muito difícil terá de ser feita, embora seja melhor seguir um caminho próprio, leve ele aonde levar; mesmo que a escolha seja "errada", você pode aprender muita coisa proveitosa. Em essência, o foco oculto está na sua interação com a sociedade, e os seus ideais devem refleti-la. Não dê enfase exagerada nem a si mesmo nem à coletividade, pois isso provocaria um desequilíbrio. Você está tentando fazer de si mesmo um canal de mudanças, cuja meta final é a reconstrução da harmonia.

URANO EM TRÂNSITO NA CASA 9

Dando prosseguimento ao desafio do trânsito na 8.ª casa e à interação dos seus ideais com a sociedade, esta fase enfoca a necessidade de considerar os relacionamentos no seu devido contexto e papel, como a base do significado da sua vida. O sentido e a objetividade são fundamentais para uma vida plena, e como tal fornecem o "alimento espiritual", à semelhança das necessidades físicas de sobrevivência.

É provável que você reexamine os resultados de seus esforços no trânsito anterior, para determinar o grau de sucesso que realmente obteve. Como costuma acontecer nos trânsitos de Urano, a entrada numa nova casa geralmente age como gatilho para pensamentos novos e potencialmente perturbadores, novos conceitos e experiências. Há poucos períodos de calma e tranqüilidade sob a influência uraniana, já que seu espírito inquieto está constantemente procurando o caminho do avanço. A estagnação e a passividade não são permitidas.

É um período em que se deve dedicar esforços para se ter maior compreensão, em geral estimulado por dúvidas desordenadas que levam a um questionamento. Embora a princípio seja perturbador, ele pode ser muito elucidador.

Você considerará a natureza e o papel dos relacionamentos na sua vida, questionando como e por que eles contribuíram para os resultados a que você chegou e examinando qual seria o propósito e o valor desses relacionamentos. Isso exige que você termine uma perspectiva a partir da qual julga e avalia até que ponto a sua percepção está voltada para si mesmo. Como as pessoas mais ligadas a você julgam o papel que você representa? Você precisa examinar se os seus relacionamentos satisfazem e gratificam todos os envolvidos, se são benéficos e liberadores, ou pessoalmente restritivos.

Essas perguntas são difíceis de ser respondidas, e evidentemente você tem as suas próprias, mas é melhor não se apressar para formar as respostas e a compreensão do processo dentro de si. Respostas imediatas — principalmente as potencialmente negativas — podem ser transformadas se você der tempo para que o que está procurando seja revelado e depois descobrir se é possível ser divulgado nos seus relacionamentos atuais. Muitas vezes abordagem e atitudes novas podem estimular grandes mudanças, revitalizar parcerias e trazer à tona aspectos latentes do relacionamento que não tinham espaço para emergir enquanto estavam restringidos por padrões de hábitos que, evidentemente, foram desenvolvidos em conjunto.

Freqüentemente, as pessoas se adaptam de maneira quase automática aos objetivos da sociedade e da coletividade, e quase sempre o questionamento é desestimulado, dando-se preferência à adesão às tradições e atitudes sociais instituídas. Sob alguns aspectos, esse fenômeno pode ser eficaz, se tudo estiver indo bem para a pessoa. Porém, se ocorrerem crises e o padrão instituído for abalado, é comum elas ficarem perdidas, pois nunca foram ensinadas a entender sua própria natureza e os processos naturais da vida, ou a se questionar para ter percepção e compreensão e, em última análise, uma orientação interior sobre o rumo de sua própria vida.

A autocompreensão é benéfica. Ela cria um contexto de motivação e direção pessoais que se baseia nas próprias necessidades, nos desejos e na individualidade, aumentando o prazer na medida em que a vida se torna mais autocontrolada, significativa e intencional.

Urano em Trânsito na Casa 10

Esta fase enfoca os frutos sociais da exploração da individualidade e dos esforços que são feitos para expressá-la no mundo. É possível que a sua esfera de influência social comece a expandir-se. Você está preparado?

É o desenvolvimento e a consumação do processo que começou no início do ciclo de Urano, e envolve os conceitos de função e poder sociais e a integração da pessoa na comunidade a que pertence.

Isso implica, portanto, a relação entre o eu e a sociedade, a mistura de necessidades pessoais e sociais em benefício de ambas e a influência que as personalidades poderosas e dominadoras exercem sobre o maleável tecido social. A abordagem certa transcende em muito os interesses puramente pessoais, atingindo a responsabilidade social.

É provável que sua imagem social se destaque mais do que antes, que você adquira um papel novo ou modificado, levando à maior interação com os outros e proporcionando um certo grau de influência social. Será um desafio que vai exigir de você muita determinação e ambição para ser bem-sucedido, além de uma clara noção do que pretende nessa nova posição.

Muitas pessoas têm problemas para assumir poder e influência. É uma responsabilidade, e por isso é algo que precisa ser manejado com o máximo possível de percepção e consciência social, principalmente quando as decisões terão efeito sobre o bem-estar e a vida dos outros. O abuso de poder ocorre com mais freqüência do que o uso correto dele, e muitas vezes serve para estimular as sementes de exaltação pessoal e a consciência de separação, em vez de criar unidade e harmonia por meio da cooperação.

Nessas atividades de cunho social, é preciso que você observe até que ponto consegue expressar a sua natureza individual de uma forma coerente. É preciso perguntar a si mesmo se a posição alcançada era a almejada e se ela o gratifica. Se for, você conquistou a chave que abrirá a porta de um sentido e um propósito maiores na sua vida. Se não for, é necessário investigar por que a sua visão era errada, que escolhas inadequadas você fez ou em que a sua falta de autocompreensão o frustrou.

Principalmente durante o estágio inicial deste trânsito, fique atento para todas as oportunidades que surgirem. As portas do potencial se apresentarão, e caberá a você reconhecê-las, aproveitar as oportunidades e abri-las, para que possa haver expansão.

Urano em Trânsito na Casa 11

Urano e o signo de Aquário têm afinidade e ressonância naturais com a 11.ª casa, associados aos conceitos de fraternidade social e consciência grupal. Diferente da 5.ª casa, onde o processo criativo se volta basicamente para o indivíduo e se reflete como expressão pessoal, a versão da 11.ª casa está voltada para uma dimensão mais transpessoal. Aqui, o indivíduo é percebido como canal das energias transformadoras e revolucionárias que interpenetram este mundo, uma tarefa que se espera seja realizada pela maioria dos leitores deste livro.

Sob esta influência, você se sentirá propenso a explorar águas menos conhecidas da existência humana, como as esferas do mistério e do fascínio evocativo. A busca da novidade estará outra vez presente, porém muito menos destrutiva do que antes. Isso porque você está se aproximando do final deste ciclo e colhendo o resultado dos seus esforços anteriores.

Muita coisa vai depender do seu sucesso durante o trânsito pela 10.ª casa. Se os seus esforços para intensificar a sua participação e influência social tiverem sido eficazes, você se sentirá inspirado a aplicar os esforços criativos na renovação progressista da sociedade, através da participação e do envolvimento com os movimentos e grupos visionários, voltados para o futuro, cujo objetivo é criar uma vida melhor para todos, e que são provavelmente formados por aqueles que têm uma perspectiva ecológica e humanista.

Se a sua experiência do trânsito pela 10.ª casa tiver sido decepcionante, cuide para que esse fato não o deixe demasiadamente amargurado, o que provocaria frustração e agressividade. É possível, então, que você se volte contra a sociedade e as pessoas mais próximas, e que a frustração distorça seus ideais e sua visão. O sucesso ideal é muito raro, porém é bem provável que ele seja limitado, sendo, portanto, mais vantajoso fazer algum avanço do que nenhum. Talvez você se sinta tentado a procurar formas de escapar para atenuar a sua decepção, porém cair sob a influência dos entorpecentes sociais e do vício de drogas não é uma boa resposta à frustração que você sente.

De uma perspectiva mais otimista, é preciso manter a mente aberta, buscando antes de tudo a verdade; você vai notar que não se importa muito em manter as tradições e os valores sociais aprendidos, a menos que sinta, autenticamente, que, para você, eles são verdadeiros e relevantes. Suas atitudes se tornarão mais humanitárias, uma vez que a humanidade é vista mais como grupo mundial, uma fraternidade, uma grande família.

É provável que você faça amizades novas e incomuns que sejam estimulantes e influentes. Elas podem acontecer por meio de uma associação com grupos futuristas. Provavelmente você tem mais afinidade e senso de comunhão com pessoas não convencionais.

A sua forma de encarar o casamento e os relacionamentos se tornará menos convencional e mais impessoal, talvez em conseqüência da visão ampliada que agora o inspira. Isso pode fazer com que você se sinta preso a um único relacionamento, já que terá necessidade de experimentar maior grau de independência e liberdade durante este período.

É preciso ter cuidado para não acabar criando um conjunto de ideais de mudança social que sejam demasiadamente irresponsáveis ou inexeqüíveis. No plano mental, você pode ficar tão entusiasmado com idéias novas a ponto de esquecer que as pessoas precisam encontrar uma aplicação para elas e conviver com elas. É preciso que haja uma reação positiva para que os ideais se tornem reais no mundo, ao invés de permanecerem teóricos.

URANO EM TRÂNSITO NA CASA 12

Esta é a fase final, a culminação deste ciclo de Urano dedicado à elaboração gradual do seu potencial criativo e envolvimento social.

É um período voltado para a "finalização" que se apresenta a sua frente, cujo impulso motivador, subjacente ao ciclo todo, levou-o ao ponto em que você está agora. Esse impulso revolucionário, responsável pela ativação e estimulação dessas mudanças na sua vida, já não tem vitalidade nem eficácia; na verdade, está "morrendo" e você está seguindo num curso determinado por um impulso que já passou. O que aconteceu é que você está sendo incitado a rever os resultados desse ciclo, sejam eles sucessos ou fracassos relativos, a entender seu significado intrínseco e o padrão intencional, tirando conclusões das lições que surgiram com o tempo.

Esta fase é como uma pausa na influência de Urano sobre você. O objetivo é capacitá-lo para iniciar um período de reorientação e conduzi-lo a um novo ciclo. Este conterá um novo impulso e uma nova direção para que você entenda sua mensagem e seu intento.

Depois que avaliar as conclusões e as lições, não perca mais tempo olhando para o passado. Você está pronto para receber a nova energia de Urano, que, provavelmente, a princípio estará presente (ou oculta) em alguma experiência que lhe acontecerá de forma bastante inesperada. Nessa experiência estará a semente do novo ciclo, pelo qual você será fortemente condicionado.

De certa forma, é como a gestação de um renascimento que lhe oferecerá uma nova oportunidade de crescimento e progresso. É preciso que você esteja disposto a passar por futuras mudanças, pois resistir não será nem um pouco vantajoso. Lembre-se sempre de que a intenção subjacente é positiva e benéfica.

Urano vai provocar uma sensação de desconforto e descontentamento em vários aspectos da sua vida. Isso é para estimular a ocorrência da mudança evolutiva; onde há descontentamento, há indicação de que podem ser feitas melhorias para enriquecer a vida e aproveitá-la ao máximo. Apreciar a rica variedade e a plenitude da vida deve ser a meta de todos.

Através desse método planetário, Urano também demonstra que nenhum nível de sucesso é definitivo, mas representa apenas um passo à frente. Nenhum fracasso aparente também é definitivo, mas simplesmente um passo distante do futuro sucesso. Felizmente, a vida não é limitadora, a menos que nós mesmos nos limitemos, e sempre oferece uma chance para que seja vivida com mais abundância. O segredo está na escolha de cada um.

CAPÍTULO 7

O Urano Esotérico

Urano foi descrito como "o velho planeta misterioso do ocultismo"; até o final do século XVIII estava "oculto" atrás de Saturno, planeta conhecido como "Senhor do Carma". Os mitos de criação associados a Urano são representações de antigos ensinamentos de escolas esotéricas ligados ao poder da formação mental de imagens ou da visualização. Refletem os conceitos védicos de que o universo não passa de um sonho na mente de Brahma, uma fantasia divina, um drama.

Em muitas escolas modernas de ocultismo, dá-se bastante ênfase à compreensão da natureza da mente e ao treinamento da mente criativa para a construção de um mundo melhor, tanto individual quanto coletivo. Atualmente existe um grande número de publicações e cursos destinados a "liberar os poderes da mente". Embora não seja imediatamente evidente, essa ênfase dada ao cultivo da mente através da aplicação de várias técnicas é relativamente moderna. A difusão da erudição e do intelectualismo — a despeito da classe social — só ocorreu na história recente, desde a emergência de Urano; e as explorações e revelações esotéricas sobre a mente só circularam de forma mais ampla a partir de meados do século XIX.

Urano é o estimulador da mente, o investigador dos espaços internos do universo criativo oculto. Seu impacto é no sentido de nos fazer ir além do enfoque nas reações baseadas no instinto e na emoção (conforme refletido na potência e atividade dos chakras situados abaixo do coração), transferindo as energias para cima, de modo que possam abrir e ativar áreas latentes do cérebro-mente.

Urano é o "Grande Despertador", o choque de percepção que faz ruir a barreira mental da ilusão do dualismo, quando a "mente inferior cai e a luz da mente superior brilha e percebe o universo real". Em termos esotéricos associados ao Oriente e aos ensinamentos de derivação teosófica, trata-se da Primeira Iniciação, na qual a energia

177

sobe a um nível superior de radiância no chakra do coração e se tem uma visão da unidade da humanidade e da terra. Esse estágio é considerado mais detalhadamente em *Fênix Ascendente*, onde a ênfase recai sobre a função e o papel de Plutão nesse processo evolutivo. Esses dois planetas transpessoais, juntamente com Netuno, combinam suas energias complementares para criar uma energia transformadora grupal.

Urano é o iniciador de uma nova ordem e estrutura de vida, dando ao homem a compreensão de seus padrões causais ocultos e ampliando sua vontade de melhorar a qualidade de vida pela contínua renovação. É o impulso para criar melhores condições de vida através do processo civilizatório, meios materiais mais eficazes para nossas necessidades e a integração dos aspectos díspares de nossa natureza numa unidade funcional.

A "mente científica" tem características que refletem o papel de Urano como Princípio do Logos. Elas incluem imparcialidade, capacidade para o pensamento abstrato, lógica e racionalidade, clareza para a decisão, objetividade fria e vontade persistente. A influência de Urano aparece na necessidade mental de transmutar o conhecimento fragmentado — fato comum hoje em dia — numa síntese abrangente, capaz de revelar mais luz e sabedoria. A contínua explosão de informações nos anos recentes pode criar mais confusão e falta de clareza, a menos que se considere a informação em um referencial conceitual unificador. A abordagem analítica das disciplinas científicas e intelectuais precisa começar a fundir-se por meio de um processo consciente de síntese, a fim de revelar os padrões subjacentes de sentido e significado.

Isso se encaminha para um estado descrito como "consciência oculta", que é a conciliação através da capacidade de sintetização da mente, que funde os aspectos superior e inferior da mente e integra o "eu interior e exterior".

Esse é o aspecto uraniano de unificação do espírito com a matéria, do Deus Céu com a Deusa Terra. É a esfera da magia, o reino em que operam os ocultistas, a busca para invocar a imanência da divindade usando a eles próprios como canais de sacrifício.

Urano é conhecido como o senhor da via oculta, refletindo tanto sua condição de Primeiro Pai quanto sua posição como primeiro planeta de mistério dos espaços transpessoais. Esotericamente, está associado ao papel e à função de supervisão do Hierofante, o revelador oficial dos sagrados mistérios e cerimônias, o sacerdote iniciador. É o alto planeta do ocultismo "porque cobre aquilo que é essencial; esconde o que precisa ser descoberto e, no momento certo, transmite o conhecimento do mistério oculto". Ele estimula a curiosidade do buscador, agigantando sua vontade no fogo ardente que evoca "o desejo de ser e conhecer em todos os planos da manifestação".*

Dane Rudhyar considera Urano o "Mestre da Transformação", o poder criativo do espírito universal. Identifica a atividade da energia uraniana no iniciado como o estágio da Terceira Iniciação, aquela da transfiguração pessoal que, correspondendo à luz que os discípulos viram brilhar em Cristo e através dele, quando ele estava com os dois velhos profetas. A pessoa transfigurada passa, então, a ser um ponto focal de liberação do poder da mente universal, fundindo o espírito e a matéria.

Esotericamente, a atividade de Urano só é registrada conscientemente num estágio avançado de desenvolvimento nessa via. É aí que o discípulo iluminado desperta, por um ato de vontade, o chakra na base do canal espinal, e deliberadamente extrai o fogo da *kundalini*. Como o discípulo está concentrado nos centros da cabeça, consegue controlar e direcionar as energias ígneas correta e seguramente em seu trabalho oculto. Como Hierofante, Urano supervisiona a ação do anjo solar (alma) sobre a personalidade do aspirante, até a Terceira Iniciação. O impacto total da natureza elétrica de Urano é sentido durante os últimos estágios da via, quando a alma do iluminado é levada para o solo ardente onde ocorre a Quinta Iniciação; a passagem para a condição de Mestre e a liberação da "Roda da Vida" são alcançadas por intermédio das energias de Urano e de Júpiter.

Os ensinamentos de sabedoria da escola trans-himalaiana (transmitidos por Alice Bailey) sugerem que Urano é o regente exotérico de Aquário, o regente esotérico de Libra e está exaltado em Escorpião. Isso sugere que o verdadeiro propósito da energia uraniana é criar um estado de equilíbrio interno, para que a mente se eleve acima do dualismo dos conflitos. Esse estado se consegue através do fogo, pelo atrito estimulado pela intensidade de Escorpião-Plutão e pelas experiências associadas aos padrões de 8ª casa, de vida, morte, renascimento e ressurreição. A harmonia pode então sobrevir como resultado da solução dos conflitos dualistas.

Vale também observar que é a 11ª casa que está associada a Urano e às relações grupais, e 11 é o número atribuído ao Iniciado. Este pode parecer uma figura solitária, porém o trabalho a que se dedica está sempre ligado ao progresso do grupo e ao bem-estar do todo.

---

* Citação autorizada de *A Treatise on the Seven Rays*, vol. III, *Esoteric Astrology*, de Alice Bailey (Lucis Trust Ltd).

URANO E A ENERGIA DO SÉTIMO RAIO

No sistema esotérico dos Sete Raios, Urano é associado ao Sétimo Raio. Pode ser proveitoso considerar as características desse raio de energia, especialmente em relação à vibração de Urano.

O Sétimo Raio é identificado com a magia e o ritual cerimonial, à organização e ao relacionamento, e está associado ao uso e transmissão de energias espirituais mais elevadas por planos mais densos da personalidade e níveis materiais. É a tarefa do mago branco, que emprega a ciência esotérica da unificação para dar origem ao relacionamento combinado de espírito e matéria, de alma, personalidade e forma.

O objetivo final dessa evocação da energia espiritual é instaurar uma nova ordem mundial baseada no impulso espiritual e na aspiração à liberdade mental, na harmonia coletiva mediante a compreensão amorosa de nossa humanidade, e num estilo de vida, no plano físico, que proporcione plena oportunidade de expressão criativa. Este "Raio de Bondade Ritualista" aspira construir o ideal utópico do "reino dos céus na terra". Aqui podemos ver as correspondências com o Urano astrológico e mitológico: a ânsia pela liberdade mental e a criatividade, o ideal da fraternidade universal, o hierofante-sacerdote e as tentativas do deus Urano de criar uma progênie bela e ideal à altura de sua imaginação celestial. O único problema somos nós e a lentidão com que evoluímos até podermos manifestar esse desígnio. Mesmo assim, Urano não nos deixa descansar. Ele sacode nosso sonambulismo, destrói nossos padrões de hábitos de comportamento inconsciente e insiste para que acordemos para algo novo, colaborando com Plutão para destruir a confiança que temos nas estruturas sociais e pessoais saturnianas, fixas e protetoras, porém limitadoras. Não podemos resistir à influência dos planetas transpessoais; se tentarmos negar-lhes o acesso, sua energia simplesmente destruirá nossas barricadas, varrendo o esforço que fazemos para impor a ordem e forçando-nos a mudar e a crescer em meio ao caos e à devastação que eles podem deixar em sua esteira.

É através do Sétimo Raio que se pode deslocar uma das linhas mais diretas da energia do Primeiro Raio. O impacto do "Grande Destruidor" do Primeiro Raio, mediado por Plutão, também é transmitido através da ligação com Urano. Daí a exaltação de Urano em Escorpião, regido por Plutão. A união de Urano e Plutão nesse trabalho libera a força vital aprisionada para um renascimento, em que as velhas formas inibidoras, os estilos de vida, as culturas e as civilizações são destruídas ou grandemente modificadas. O caos, resultado inicial do impacto do Primeiro Raio, é então reorganizado pelo

Sétimo Raio, que restabelece uma nova ordem e ritmo adequados ao passo seguinte da expressão criativa.

Certos resultados da atividade do Sétimo Raio podem ser observados na época em que estamos vivendo. Baseiam-se em dois axiomas do ocultismo que refletem a criação embrionária das fórmulas mágicas destinadas a efetuar mudanças nos planos da consciência humana e da atividade física. Essas fórmulas surgem do conceito hermético "O que está em cima está embaixo", que é uma definição clara do paradigma unificador incorporado ao Sétimo Raio. Os axiomas são: "A energia segue o pensamento" e "O motivo correto cria a ação correta e os meios corretos". Qualquer pessoa que esteja trabalhando com o Sétimo Raio reconhecerá que são exatamente essas as diretrizes que ela tenta seguir em seu trabalho de criatividade e relacionamento. Aprender as leis da construção de formas de pensamento eficazes e vitalizá-las empregando a energia da vontade começa a se tornar um conhecimento comum e, de várias formas, é objeto de experiências feitas por todos os ocultistas, com graus variados de sucesso. Contudo, ficará provado que usar a mente dessa maneira (sob a influência espiritual) é a chave que abrirá a porta para a futura evolução da humanidade na Era Aquariana e depois dela. Está implícito no segundo axioma, "O motivo correto cria a ação correta e os meios corretos", o fato de que esse poder pode ser mal empregado, se houverem motivações erradas; a espada mágica tem sempre "dois gumes".

Uma expressão clara do emprego dessa energia do Sétimo Raio é o desenvolvimento da influência sobre a mente das massas através da propaganda, da criação de *slogans* políticos, dos bordões usados pelos comunicadores. Embora, sob alguns aspectos, seja um aviltamento da energia, verifica-se que essa técnica de criar uma "fórmula de palavra mágica" pode ser muito eficaz. Podemos nos lembrar de vários exemplos usados pelos comunicadores e de como os políticos modernos empenham-se em criar sínteses verbais de impressões que desejam passar ao eleitorado. As técnicas subliminares de afirmações positivas na "Música da Nova Era" são testemunhos do efeito quase hipnótico do poder das palavras, na redescoberta da ciência mântrica. No fim, vamos redescobrir também o antigo conhecimento do uso mágico de palavras poderosas.

Associada à atividade de Urano está a "atividade radiadora". Podemos ver seus sinais na explosão de novas idéias, no aumento do ritmo das informações, na atividade mental (radiação e telepatia psíquica); e também no destravamento do calor e energia irradiados dentro da matéria e na radioatividade do urânio.

Com a penetração da investigação científica no mundo atômico e subatômico da matéria, vimos o nascimento, neste século, de uma nova dimensão da ciência. Saímos do impasse a que tínhamos chegado quando operamos a partir de uma percepção materialista da realidade. O novo passo transfere o foco da investigação para os reinos do universo intangível e subjetivo. Explorando os espaços interiores da matéria, podemos, de forma correspondente, explorar os espaços interiores da psique humana, onde o cientista já não investiga objetivamente de fora para dentro, mas precisa examinar a si mesmo para determinar a influência de sua participação subjetiva nos experimentos. A física e a mecânica quântica estão sondando esse mundo metafísico, onde as diferenças entre sujeito e objeto se dissolvem, o que se assemelha à experiência de unidade vivida pelo iniciado ou pelo místico.

A relação entre Urano, o Deus do Céu, e Gaia, a Mãe Terra, reflete-se novamente na associação do Sétimo Raio com o relacionamento. Isso envolve a polaridade básica dos processos naturais positivos e negativos da procriação no plano físico. A questão dos relacionamentos sexuais é antiga, uma discórdia que remonta a Urano e Gaia! Embora a maioria dos adultos tenha algum tipo de vida sexual, ainda persiste uma certa ansiedade ligada à compreensão e ao relacionamento íntimo oculto que temos com o sexo. A sociedade tem atitudes ambíguas manifestadas pela moral, pela religião, pelas estruturas familiares, pelos tabus sexuais e pelos conceitos de perversão; conseqüentemente, as pessoas quase sempre têm algum grau de confusão interna. O mundo ocidental moderno expressa a maioria desses aspectos de modo relativamente aberto; divórcio e homossexualismo são fatos da vida contemporânea. Como vimos, Urano muitas vezes é associado à novidade sexual, à promiscuidade, à excentricidade ou perversão sexual e ao homossexualismo. No meu entender, porém, esta é uma fase passageira em que esses diversos aspectos da sexualidade humana estão vindo à tona antes de serem admitidos, entendidos e aceitos. A questão, em parte, deve-se à responsividade humana à energia uraniana, onde a pessoa só consegue dar uma resposta errática, que revolve as profundezas, mas em geral é insuficiente para uma transformação decisiva.

Posteriormente, à medida que a potência das energias de Urano-7º Raio se intensificar e o terreno ardente da mudança for transposto, a qualidade da relação passará para o primeiro plano da consciência, emergindo daí uma atitude nova e inclusiva e a compreensão do mistério da polaridade sexual. Já há indícios disso nos atuais conceitos de androginia, promovida a imagem mental do equilíbrio interior. A psicologia junguiana indica a necessidade da integração das qualidades do sexo oposto na consciência individual, por intermédio da instauração do relacionamento com os arquétipos da *anima*

182

e do *animus* (ver mais detalhes em *Fênix ascendente — explorando o Plutão astrológico*). O que é essencial é uma nova relação entre os pólos positivo e negativo da vida, o céu e a terra, para que ocorra uma nova integração planetária de totalidade.

Como filhos de Gaia, devemos saudar a volta de nosso primeiro pai a nossas vidas, servir de mediadores entre Gaia e Urano e alçar corpo e mente acima da matéria, para segurar a mão espiritual que Urano nos estende. Por intermédio de nossa evolução, Gaia e Urano voltarão a se unir.

CAPÍTULO 8

Urano e o Impulso da Era Aquariana

Uma nova era astrológica indica o despertar de aspectos antes adormecidos do ser humano, que lentamente vão revelando o potencial da espiritualidade latente na psique coletiva. A transição para uma nova era é como o tiquetaquear do relógio evolutivo, que é um fator de monitoração do lento progresso da humanidade rumo à consciência global. Como demonstram os fundadores de religiões, como Cristo e Buda, os indivíduos podem progredir muito mais depressa e se tornarem os antepassados que semearam o desenvolvimento futuro, mas, para a maioria, o crescimento pode ser trabalhosamente lento, difícil e irregular.

Essas novas eras zodiacais ocorrem aproximadamente a cada 2.160 anos (representando 1/12 do ciclo total de 25.900 anos). Não sabemos, efetivamente, quando começa cada uma das eras cíclicas, nem até que ponto os signos se sobrepõem até que se consuma a transição. Como Urano foi o primeiro dos planetas modernos a ser descoberto, simbolizando a entrada dos planetas transpessoais, pode-se considerar que a transição para a Era Aquariana começou com sua descoberta, principalmente por ser Urano o co-regente de Aquário, juntamente com Saturno.

As fases anteriores do ciclo total de precessão foram as Eras de Touro, quando a natureza animal e mais física do homem predominava e tinha mais expressão; a Era de Áries, o Carneiro, simbolizada pelo sacrifício do cordeiro do Velho Testamento, quando foi feita a transição humana da natureza física então predominante para os sentimentos e emoções, e os laços tribais e familiares mais estreitos da comunidade; e a Era de Peixes, que despertou a mente do homem e começaram a predominar a natureza dos conflitos e as percepções dualistas da realidade. O objetivo essencial da nascente Era de Aquário é resolver essas dualidades e noções separatistas, ultrapassando a mente analítica inferior e atingindo o ponto em que a consciência da unidade é constantemente percebida; algumas tradições dão-lhe o nome de alma, divindade interior, o deus dentro de nós.

Urano e Saturno são co-regentes de Aquário. Como já comentamos, essa polaridade de intercâmbios energéticos é uma força vitalizadora da luta evolucionária. Entretanto, como regentes planetários, eles também indicam que a gloriosa visão de Aquário não será alcançada da noite para o dia e que o conflito entre as atrações magnéticas de passado e futuro (semelhantes aos nodos da Lua), nas pessoas e na sociedade, dificilmente será solucionado sem sofrimento. Eles também agem como contrapesos do movimento muito rápido à frente ou da insistência em negar a mudança; pode-se argumentar que eles apresentam a mais segura passagem que pode ser conseguida pela humanidade, principalmente levando em conta a profundidade das mudanças intuídas. Estas abrangem até mesmo o desenvolvimento ou as mutações genéticas da espécie, o despertar de áreas do cérebro, bem como modificações sociais coletivas e mudanças planetárias. Na teia de vida extremamente complexa da Terra, é preciso que a consciência planetária de Gaia supervisione meticulosamente a regulamentação e o desenvolvimento. O equilíbrio natural é frágil e, por ignorância, a humanidade está afetando-o seriamente. Precisamos nos tornar mais sábios para sobreviver no mundo das interdependências.

A visão das relações humanas corretas, como a impulsionada pelo arquétipo de Urano, é a palavra de ordem da Revolução Francesa — ''Liberdade, Igualdade, Fraternidade''. Ela continua sendo a base do ideal aquariano de consciência grupal e fraternidade universal; é um conceito utópico, mas essencial para o esforço da humanidade. Desde a primeira declaração uraniana, o mundo ocidental foi lançado em rápidas mudanças e crises, tanto através de desenvolvimentos econômicos e industriais como de mudanças fundamentais nas estruturas sociais internas da democracia e melhorias sociais. É uma combinação do aspecto mental, que adquire mais proeminência social, e as conseqüentes aplicações da inteligência para elevar a qualidade de vida da sociedade, bem como a manifestação do coração compassivo. São grandes marcos, mesmo que muitas vezes os percamos de vista devido à maneira como a vida nos absorve e a luta de cada um. Contudo, as pressões desses desenvolvimentos também levaram a ''explosões'' de tensões e tentativas de restaurar velhos padrões de comportamento; as duas guerras mundiais são provas de colapsos sociais coletivos, de fases de uma transição gradual. Estamos agora no limiar de um estágio ulterior desse processo; ao nos voltarmos para o próximo milênio, com a visão aquariana mais clara, precisamos ter certeza do que fazemos e para onde vamos à luz de um mundo interdependente.

O símbolo de Aquário é o Aguadeiro, cuja diretriz esotérica é "Sou a Água da Vida, vertida aos que têm sede", e cujo glifo astrológico sugere as imagens de ondas encrespadas, o movimento vento-ar, e as serpentes de sabedoria. A urna que o aguadeiro leva em seu ombro é o cântaro alinhado ao "vasto manancial espiritual onde vivemos, nos movemos e somos", o mundo espiritual das energias e das forças da vida e consciência universais. Entretanto, esse mundo, que muitas vezes aparece simbolizado por imagens aquáticas, é o mundo da mente interpretando mensagens de uma realidade oculta; por esses "mares da mente" entramos em contato com o abundante reino da fecundidade, permanentemente prenhe de idéias que lançarão suas raízes em alguma parte do universo.

A imagem do Graal, da Escola Ocidental do Mistério, reflete essa realidade interior. Recebemos o estímulo para encontrar nosso próprio Graal pessoal e experimentar os resultados da saga individual, para entrar em contato com a alma; ao fazê-lo, constatamos que o passo seguinte envolve o trabalho com o Graal racial nacional, e em seguida servir ao Graal planetário. O Graal é um símbolo arquetípico de muitas dimensões e muitos níveis que refletem milhares de facetas para todos que sejam bem-sucedidos, e é um cálice de inspiração interminável. Os "Cavaleiros do Graal" são aqueles que atingiram o ponto de uma compreensão intelectual da visão da fraternidade e que ingressaram, e se aprofundaram, na experiência da universalidade através da mente aberta intuitiva. Atualmente, assistimos ao crescente apelo dessa imagem simbólica na mente do homem, à medida que o Aguadeiro vai ficando mais real e poderoso na psique coletiva. Afinal, um símbolo é a forma e a impressão visível de uma realidade interior oculta, e as imagens astrológicas subjacentes ajudam a compor os símbolos espirituais de significado e direção de cada era.

O que é esse Graal aquariano que Urano está tão interessado em promover? Qual o objetivo de Urano ao desestruturar a vida individual e coletiva?

Urano e crise caminham de mãos dadas, porém a crise não passa de uma fase no padrão de crescimento, através da qual novas energias são liberadas para incentivar a transformação individual e coletiva. Elas levam a pontos de decisão e de escolha, "pontos predestinados de destino/chegada", onde é possível visualizar a solução, ou as tentativas de negação e recusa ao confronto. O indivíduo e a sociedade têm a sua frente esses padrões de atitudes cristalizadas que precisam ser rompidos e transcendidos para se livrarem do perigoso impasse, cuja origem está na obediência a esses padrões. Cada padrão de expressão tem seu tempo; de início, eles podem ser de natureza positiva, mas, depois de um certo estágio, seus efeitos tornam-se cada vez mais negativos. Urano tenta inspirar a pessoa a ultrapassar as preocupações e as percepções da vida puramente individuais, para que também seja alcançada uma função coletiva de revelação de sentido e propósito. Essa é a vida transpessoal de uma relação mais profunda entre a evolução individual e o progresso coletivo, que, por si mesma, exige que a pessoa crie um caminho independente de auto-exploração e investigação, muitas vezes indo contra as tradições e os sistemas de crenças da sociedade. É somente através do exercício do questionamento contínuo e da abertura a diferentes respostas que novos *insights* são recebidos.

Urano ajuda a arrombar a porta da mente inconsciente coletiva para liberar os valores e interpretações da vida que tenham aplicação mais universal. Ele nos força a perceber e aceitar que, num mundo em mudança, nós também precisamos mudar, como parte do processo de adaptação. O estilo de Urano não é contemplar o passado dourado, e sim o futuro dourado.

O rumo futuro está indicado pela polaridade do eixo Aquário-Leão; em Leão, a pessoa expressa a atitude de permanecer no centro do universo através de um filtro mental separador; porém, em Aquário, essa atitude é transformada e engrandecida como uma consciência grupal da humanidade. Em vez da criatividade para o avanço pessoal, ela passa a ser um serviço prestado para o benefício de todos. A mensagem fundamental dessa progressão é a da relação consciente.

A Era Aquariana é o nascimento mundial de uma nova ciência de relacionamentos, a percepção da interdependência e da unidade intrínseca. Nos modernos ramos da ciência, bem como nas novas disciplinas emergentes, é esse reino da vida que está atuando como área renovadora da investigação. As velhas premissas e teorias científicas da realidade estão sendo descartadas ou redefinidas. A crescente defasagem entre o conhecimento atual e as estruturas e atitudes das sociedades mundiais precisam ser sanadas o mais rapidamente possível.

Com as associações entre Urano, Aquário, o Ar e a 11ª casa, é o nível da mente que está sendo grandemente estimulado. No mundo ocidental, o intelecto foi elevado à posição dominante e sua curiosidade em sondar os mistérios da natureza levou-o a um ponto em que, para entender mais, será preciso ultrapassar a abordagem analítica. Esse salto quantitativo implica sair da falsa posição de observador objetivo e entrar na experiência subjetiva dos reinos interiores da energia e da mente, além de extinguir as crenças no dualismo por intermédio do conhecimento da relação consciente com o universo.

Essa crescente transferência de percepção fica evidente nas investigações da nova física, na psicologia transpessoal, nas teorias de ressonância mórfica biológica, na parapsicologia, na metafísica e nas terapias alternativas de saúde — todas elas fundamentadas nos conceitos do holismo ou das relações intrínsecas de uma rede total de energia.

É por isso que grande parte da ponta-de-lança inicial do impulso de Urano/Aquário é vista em ação através do 11º signo e casa, de onde cientistas, ocultistas, reformadores políticos e revolucionários sociais tiram sua inspiração. Esse é o grupo que canaliza os novos padrões de visões e recebe a intuição que o orienta sobre os rumos adequados da investigação. Parte do propósito de Aquário é intensificar a comunicação através das faculdades mentais, principalmente pela fala e pela escrita, e a expressão lógica e racional, que se ampliará, abrangendo aspectos mais intuitivos, particularmente se estiver desempenhando a função de transmitir "mensagens da consciência de Gaia".

Como o símbolo é uma forma externa que reflete uma realidade interior, os sinais da relação intrínseca já fazem parte do mundo moderno. Os satélites e as redes de comunicação eletrônica são um aspecto vital que funciona como um sistema nervoso coletivo, transmitindo a informação para todo o planeta. É um paralelo com o cérebro humano, onde a informação é recebida e transmitida por meio de cargas elétricas. A mente humana foi "ampliada" através do uso de computadores, que processam dados com mais eficiência, eficácia e rapidez, e, com o desenvolvimento da robótica, pode executar tarefas em fábricas, como a produção de carros. Os governos, as empresas e os meios de comunicação dependem do funcionamento adequado dessa rede global de comunicações. Os mercados financeiros mundiais são usuários avançados do impulso de Aquário/7º Raio, pois as energias do dinheiro são manipuladas sem contato direto, por meio de transações informatizadas beneficiando e fazendo funcionar as organizações empresariais internacionais. Estamos construindo um cérebro global a partir de sinais eletrônicos; estamos copiando uma situação existente na Gaia ecológica.

Entretanto, a torrente de dados e informações que inundam o mundo pode provocar uma "sobrecarga neural". Está havendo uma explosão de informações cuja velocidade se acelera, e que é ainda mais rápida do que as mudanças sociais. É um paralelo com a intensificação da vida que a pessoa experimenta em conseqüência da atividade de Urano, e uma corrida em direção à crise ou destino, que precede o colapso ou a transformação da pessoa ou do sistema social.

Mudanças sociais e pessoais se interligam; torna-se necessária uma metamorfose pessoal e coletiva, uma reorganização de aspectos fragmentados num padrão coeso de relação e visão holística. Este é o símbolo do Graal aquariano, que verte os mais elevados ideais de bondade e representa um novo passo a ser dado pela humanidade, revelando uma nova faceta do "mistério de Deus". O conflito entre os opostos que tentam se unir pode agora ser solucionado. À medida que Urano novamente se aproxima, respondendo às necessidades de Gaia, podemos agir como mediadores nesse relacionamento. Como fruto de sua primeira progênie, partilhamos de sua natureza, e nosso trabalho é amalgamar o físico e o espiritual em equilíbrio e harmonia. Individual e coletivamente, precisamos transformar a dualidade em unidade; nossa tarefa é tornar a visão de Urano real e não simplesmente um ideal que existe apenas na mente.

Semelhante aos conceitos de um holograma mundial ou social, onde o todo é refletido em sua totalidade por cada uma das partes, surgirá uma nova forma de "coletivismo social" como um amálgama dos impulsos essenciais das atitudes políticas da democracia e do comunismo. Será um equilíbrio entre os direitos individuais e coletivos, baseado no propósito e na direção comuns, como o que está se experimentando hoje em comunidades criadas com esse objetivo, como a Findhorn, organizadas em torno do símbolo da família universal. Essa abordagem terá fortes raízes na responsabilidade pelas escolhas pessoais e sociais, na crença de que podemos escolher uma sociedade criada segundo a nossa visão, e também podermos transformá-la sempre que a recriação for necessária. A imagem do Mágico, como manipulador consciente de energias que constrói um mundo ideal, reflete tanto o 7º Raio como o trunfo do Tarô, e é por esse motivo que, a esta altura da evolução, ele está passando por um notável renascimento como símbolo de poder.

Durante a primeira fase da Era Aquariana, Saturno terá o papel dominante, refletindo através dos distúrbios políticos as profundas mudanças sociais subjacentes em curso. Novas estruturas, novos ideais e novas expressões sociais lutarão pela existência com a ordem vigente, cujo campo de batalha será a polarização entre passado e futuro. Na segunda fase, quando uma grande parcela de tudo isso já tiver sido decidida a favor do novo impulso, a orientação será para uma educação positiva, onde se desenvolva a iluminação mental e a consciência da interdependência global. Esse será o resultado da estimulação e do despertar do coração que se compadece com o sofrimento desnecessário dos povos do mundo. Os parâmetros de tempo para esse desenvolvimento vão depender de nossa aceitação e da aplicação da fraternidade.

A escala de transformação deste mundo é potencialmente vasta. Implica transcender uma percepção de vida basicamente materialista e chegar à percepção do universo como um mar da mente, cujas energias e forças conscientes estão em eterna interação. É a subversão da supremacia de Saturno-Gaia, quando Urano é reconduzido a sua posição espiritual, mas desta vez, espera-se, em harmonia com Gaia. Esse progresso pode ser conquistado por volta do final da Era Aquariana, quando as barreiras mentais que segmentam a visão de unidade tiverem sido demolidas e a mente alcançar o pensamento holístico.

Ao explorar a face da natureza e do ser humano, estamos rasgando os véus da ignorância. Ao entrar no sagrado dos sagrados, livramo-nos das ilusões de Gaia e do eu, apenas para redescobrir que no centro do impulso, tanto religioso como científico, esconde-se uma divindade. A essa altura da evolução, é o Primeiro Pai, Urano, que traremos à luz.

... À Evolução

É interessante observar que até mesmo o Urano físico astronômico não tem o menor respeito pelo padrão estabelecido de rotação planetária em nosso sistema solar. A rotação de Urano se dá num sentido radicalmente diferente, com o eixo polar na posição leste-oeste, em vez de na posição norte-sul mais comum. Desse modo, para o observador da Terra, ele parece girar por sobre a barriga. Até assim Urano demonstra que existem outras maneiras igualmente válidas de ser, que a vida não precisa ser convencional e em conformidade com o padrão predominante e que a diferença, a singularidade e a excentricidade contribuem em muito para a sua variedade. É uma indicação da infinita imaginação do criador transcendental, cujas preferências mal podemos conceber.

Todos nós vivenciamos a luta entre as energias de Saturno e Urano. A humanidade se dilacera entre a tentativa de dar um sentido e uma ordem a um mundo em transformação, para conquistar a segurança, a estabilidade e o controle, de um lado, e os impulsos radicais e revitalizantes de Urano, de outro. A história humana é constituída do choque entre os que respondem a cada uma dessas energias.

Em essência, Urano não é simplesmente um revolucionário que se opõe a um sistema poderoso que tenta proteger um *status quo* imutável, mas, na verdade, é um *espírito evolucionário* que nos conduz e inspira para concretizar sonhos e visões maiores. Como destruidor de limites, Urano nos abre novos mundos que ainda estão por explorar, à medida que evoluímos cada vez mais na espiral da vida. No momento presente, reconhecemos Urano disfarçado de espírito revolucionário — para alguns, essa imagem é compatível com a tendência atual —, mas o próximo passo do desenvolvimento da nossa compreensão de Urano será percebê-lo como um deus inspirador, o espírito evolucionário do Primeiro Pai.

Urano é o instigador do ideal transpessoal, do reino de Deus sobre a terra, que é o objetivo final do processo da evolução humana. Se, periodicamente, ele não abalasse nossos padrões de estilo de vida fixos e inconscientes, de pensamento, atitude e ação, nosso desenvolvimento seria ainda mais lento. Urano instila idéias de revolução na mente dos homens, visões perturbadoras, fascinantes e atraentes, que começam a obcecar a mente daqueles que são capazes de responder, e assim dão início à tentativa de reformular o mundo de modo que possam conformá-lo à imagem que têm em mente. Alguns dão a isso o nome de "Plano Divino", que está buscando sua expressão através de grupos transnacionais de afinidade com a humanidade.

O primeiro passo para criar um mundo que reflita essa imagem holística é a firme convicção de que isso é possível; o primeiro passo para recriar nossa própria vida é a convicção de que efetivamente temos o poder e a opção de fazê-lo, de que somos livres para mudar. Já consideramos as técnicas transformadoras que refletem o processo criativo empregado por Urano numa escala mais sublime. É através dessas técnicas do uso da mente, da imaginação e da visualização que a vida pode tornar-se mágica outra vez, bem como ser reformada para nos proporcionar mais conforto. O Grande Trabalho que temos à frente é a transformação pessoal e mundial, para que a vida se torne mais satisfatória, agradável e gratificante para o maior número possível de pessoas.

O eu espiritual não busca o sofrimento, e sim o bem-estar; seu intento é transformar a vida numa experiência mais prazerosa, e não o inferno que hoje é para muita gente.

Precisamos também alcançar um ponto de vista mais panorâmico da vida que nos permita ver, sem perder tempo, que na mente coletiva e no mundo físico a mudança parece ocorrer com muita lentidão. A perspectiva histórica revela a ocorrência de mudanças não tão evidentes para a percepção do observador contemporâneo. Os ideais revolucionários — particularmente se forem elevados como os de Urano — demoram a mostrar sinais reais de consecução. A idéia é gravada na mente coletiva, que registra, então, sua presença, reformula-a como ideal compreensível aos conhecimentos atuais e, em seguida, libera-a através de um grupo sintonizado, que entra em choque com o padrão vigente. Pode haver reação e oposição, pois há uma luta pela supremacia entre o velho e o novo, até que, por um processo de adaptação e integração, a nova idéia é assimilada pelo ambiente mental, ocorre a transformação, e da fusão do velho com o novo algo surge. Já vimos esse processo nas revoluções francesa, norte-americana e russa, mas nenhuma delas conseguiu manifestar os ideais que as embasavam, e que, como a visão da Nova Era planetária, ainda estão por conquistar no futuro. Essas amplas mudanças manifestam-se num período mais longo do que o de uma vida; o que quer que possamos conquistar nesta vida serão sementes a serem colhidas por gerações futuras, assim como usufruímos dos benefícios de conquistas feitas por nossos antepassados.

Por nosso intermédio, Urano reaproxima-se novamente de Gaia; o Deus Céu retorna à Deusa Terra. Embora mitologicamente Urano tenha sido castrado por Cronos-Saturno e seu poder, usurpado, foi apenas uma "Era". O espírito inspirador criativo jamais pode perder seu poder, exceto como parte de um processo geral que exige a retirada dessa potência enquanto são necessários fatores mais involutivos. O renascimento de Urano na consciência humana, a partir do final do século XVIII, é o sinal de que ele voltou à ativa; os ponteiros do trânsito evolucionário cósmico atingiram o ponto indicado. Gaia aguarda o amplexo do Deus Céu, para que a vida na Terra desperte e ingresse na consciência planetária. Dentro de nós, a unificação corpo-mente-alma é o ponto de encontro desse amplexo. É nossa responsabilidade permitir que se unam pai-mãe, deus-deusa. Por nosso intermédio pode nascer a nova humanidade; o progresso evolucionário pode acontecer como resultado do espírito revolucionário de Urano.

Lei também, do mesmo autor:

RAINHA DA NOITE
Explorando a Lua astrológica

Desde os mais remotos tempos, a lua tem sido símbolo celestial da Grande Mãe Universal, o símbolo feminino da divindade e fertilidade da Natureza. Este livro explora o mistério profundo contido na Lua astrológica conhecida como o "Porteiro da Mente Inconsciente".

SENHOR DA LUZ
Explorando o Sol astrológico

O Sol foi considerado durante muito tempo o símbolo celestial do Pai Universal e o princípio masculino da divindade. Como a fonte da vida de nosso mundo ele tornou-se o todo poderoso Deus-Sol de muitas das antigas religiões. Este livro explora o Sol astrológico e considera como os padrões solares do mapa astral podem revelar a jornada heróica que nos torna iluminados.

FÊNIX ASCENDENTE
Explorando o Plutão astrológico

O conhecimento da existência de Plutão, a partir de 1930, indica que é tempo de explorar outra dimensão de vida, já que começamos a sofrer o impacto direto de uma nova e potente energia. Plutão resume os desafios a serem enfrentados pelo mundo durante e além do século XX e atua como diretriz nesta passagem do final da Era de Peixes para o início da Era de Aquário.

A seguir:

SONHADOR VISIONÁRIO
Explorando o Netuno astrológico

O planeta ligado ao idealismo visionário e à
tendência à subversão.